Kamine
Kachelöfen und
Ofenkamine

Herausgeber:
Ottmar Strebel

Verlagsanschrift:
Fachschriften-Verlag GmbH & Co. KG, Höhenstraße 17, 7012 Fellbach.
Telefon 0711/5705-1

Redaktion, Texte, Auswahl der Bilder und Gestaltung des Buches besorgten
Josef Mittermayr, Martin Philipp, Heinz Maresch †, Eberhard Wolf und Bruno Weiß.

Von allen in diesem Buch veröffentlichten Abbildungen von offenen Kaminen und
Kachelöfen liegen die Urheberrechte bei den Erbauern.
Nähere Auskünfte erteilt auf Anfrage die INFORMATIONSSTELLE KACHELOFEN,
Postfach 800501, 7000 Stuttgart 80.
Telefon 0711/736095

Einen ausführlichen Bild- und Literaturnachweis finden Sie
auf Seite 231 dieses Buches.

Reproduktionen: Wir danken allen in- und ausländischen Druckereien,
Reproanstalten und Fabrikanten für die Überlassung bzw. Herstellung
der in diesem Buch enthaltenen Lithos.

Herstellung: Fachschriften-Verlag, Fellbach/Stuttgart.
1. Auflage 1-7000 März 1978
2. überarbeitete Auflage 7001–14000 Januar 1979
3. Auflage 14001–24000 Oktober 1979.
4. überarbeitete Auflage 24001 – 39000 April 1980
5. Auflage 39001 – 44000 Juni 1982

ISBN 3-921217-25-3

Kamine
Kachelöfen und
Ofenkamine

FACH
SCHRIFTEN
VERLAG

Vorwort

Die moderne Wohnkultur zielt in einer Zeit der Vermassung darauf ab, dem Einzelmenschen und der Familie, im häuslichen Bereich eine behagliche Atmosphäre zu schaffen. Architekten und Raumgestalter bedienen sich beim Bau von Einfamilienhäusern und Wohngebäuden mit gehobener Ausstattung in steigendem Maße der Möglichkeit, offene Kamine oder Kachelöfen – zuweilen auch beides kombiniert – im Hauptwohnraum einzubauen. Diese Feuerstätten bilden aber auch hervorragende Zentren der Gemütlichkeit in Gaststätten und schaffen den »gewissen Hauch« in Konferenzsälen von Banken und Großunternehmen.

Offener Kamin und Kachelofen erfreuen sich wachsender Beliebtheit, weil der Mensch des 20. Jahrhunderts sich danach sehnt, bei aller Technisierung des Lebensablaufs, Kontakt mit einem der vier klassischen Elemente zu halten, mit dem Feuer. Das rotgelbe Flackern züngelnder Flammen, das Knistern der im Brand zerspringenden Kloben, der Duft des Holzes, das angenehme Prickeln der auf der Haut auftreffenden Strahlen und die milde, mollige Wärme temperierter Kachelflächen wecken das Gefühl der Naturverbundenheit. All dies hebt viele, so genossene Stunden, wohltuend aus dem Alltag heraus.

Offener Kamin und Kachelofen bedeuten aber zudem noch einen Gewinn an Sicherheit: Wir alle wissen um die Abhängigkeit der hochtechnisierten, zentralen Heizsysteme, von Erdöl, Gas oder Strom – von der Fernheizung bis zur Nachtstromspeicherheizung. Der offene Kamin und der Kachelofen werden uns nie enttäuschen. Sie verzehren Torf, Holz, Braun- und Steinkohle und alles sonst noch Brennbare. Nach Wunsch lassen sie sich aber auch – bei entsprechender Konstruktion – mittels Öl, Gas oder Strom betreiben.

Dieses Buch soll den Bauherren durch seinen reichen Bilderschmuck Anregungen geben und zeigen, daß offener Kamin und Kachelofen jeder Stilart gerecht werden können, daß jede Anlage individuell gestaltet wird und somit ein »Einzelstück« darstellt. Es sollte aber auch zeigen, daß die beiden Feuerstätten aufgrund des verwendeten Materials und der Formen zum Mittelpunkt im Raum werden, weshalb der Standort mit Bedacht zu wählen ist.

Die Textbeiträge können zudem historisches und technisches Verständnis für die beiden Heizsysteme fördern.

Der Architekt, der dieses Buch zur Hand nimmt, erfährt vieles über Konstruktion und baulich zu Beachtendes. Der Heizungsfachmann wird auf Entwicklungen hingewiesen, die ihm für die Bearbeitung von Aufträgen von Wichtigkeit sein dürften. Er hat allerdings darüber hinaus die in diesem Buch nicht näher behandelten Bauordnungen sowie die »Richtlinien für den Bau von offenen Kaminen« und die Regeln der Technik des Kachelofenbaus zu beachten, die ihm eine Reihe von Details für den Bau dieser Heizanlagen verdeutlichen, erläutern und vorschreiben.

Wunsch des Herausgebers und der Mitarbeiter ist, daß dieses Buch dazu beiträgt, den beiden traditionsreichen Wärmespendern in weiterem, steigenden Maße Freunde zu gewinnen – und dadurch Freude zu schenken.

Verlag und Redaktion

5

Offene Kamine

Allgemeines

Offenes Feuer ist heute weitgehend aus unserem Lebensraum verbannt. Wärme und Licht können wir einfacher durch Knopfbetätigung bekommen. Dafür hat die moderne Technik schon längst gesorgt.

Doch was ist mit der viel gerühmten Stimmung, die uns das offene Feuer vermittelt? Können wir auf sie verzichten? Und was ersetzt uns die wohltuende Wärme und Geborgenheit durch das Feuer? Natürlich können und wollen wir nicht zu einer längst vergessenen Lebensweise zurückkehren, doch einen kleinen Schuß Romantik gewähren wir uns doch, wenn wir das offene Feuer in unsere Wohnungen holen, allein um uns daran zu erfreuen. Denn in unseren Breitengraden kann ein offener Kamin allenfalls als Zusatzheizung dienen, obwohl er in Ländern mit mildem Klima heute noch eine bevorzugte Heizquelle ist.

Frühere Mängel des offenen Kamins sind heute nicht mehr zu befürchten. Man braucht nicht mehr in beißendem Rauch zu sitzen und sich durch Zugerscheinungen die Stimmung am offenen Feuer verderben zu lassen. Denn der offene Kamin hat eine technische Entwicklung durchlaufen, die dafür sorgte, daß alle Mängel ausgeräumt wurden, denn bei den heute hauptsächlich verwendeten Kaminbausätzen und Komplettkaminen, die für guten Zug, einwandfreies und sauberes Brennverhalten bürgen, sind Fehlerquellen weitgehend ausgeschaltet. Ein geprüfter Kaminbauer kann auch ohne vorgefertigte Teile einen funktionssicheren offenen Kamin erstellen, damit das Kaminfeuer eine reine Freude wird. Die Garantie hierfür übernimmt der Fachmann, der für die richtige Dimensionierung, die Verwendung geeigneter nichtbrennbarer Baustoffe und den Einbau verantwortlich ist.

Da der Kaminplatz ein Ort der Ruhe und Beschaulichkeit sein soll, wo man im Schein des offenen Feuers plaudert, liest, Musik hört, träumt oder sich mit einer fröhlichen Gästerunde niederläßt, ist es Voraussetzung, daß man dafür einen Bereich abseits der lärmenden Verkehrszonen wählt. Auch sollte die Dimension des Kaminplatzes in ausgewogenem Verhältnis zu den anderen Wohnbereichen stehen.

Möglichkeiten, einen Kaminplatz in der Wohnung einzuplanen, gibt es verschiedene: Der offene Kamin kann in eine Wand des Wohnraumes einbezogen sein, er kann als Raumteiler in den Raum gestellt werden und eine ruhige Kaminecke abtrennen, oder aber – wenn großzügige Raumabmessungen vorhanden sind – kann er frei im Raum stehen. Eine weitere Möglichkeit ist ein separates Kaminzimmer, eine ruhige Oase für Freunde des Kaminfeuers.

Je nach Plazierung und Gestaltung wird der offene Kamin ein sich der Gesamtgestaltung unterordnendes Element sein oder ein raumbeherrschendes, das sofort den Blick auf sich zieht. Doch sollten angrenzende Bereiche durch einen dominierenden offenen Kamin nicht in Form und Funktion gestört werden. Um aber den Aufenthalt vor dem offenen Kamin möglichst angenehm zu gestalten, müssen noch ein paar andere Dinge beachtet werden: In den meisten Fällen wird es so sein, daß sich der offene Kamin an einer Wand des Wohnraumes befindet und kein Platz für eine gesonderte Kamin-Sitzgruppe zur Verfügung steht. Hier wäre es vorteilhaft, die Sitzgelegenheiten schon bei der Planung der Möblierung zum Kaminplatz hin zu orientieren. Denn es kann unangenehm werden, wenn der Kaminspaß nur nach »großen Umbauten« der Sitzmöbel möglich ist. Meist wird es auch gewünscht, daß der offene Kamin Stimmungszentrum bleibt, auch wenn das Feuer nicht brennt. Selbstverständlich sollten genügend bequeme Sitzplätze vorhanden sein, die möglichst gleichmäßig in den Genuß der Wärmestrahlung kommen.

Als Standort für den offenen Kamin gibt es viele Möglichkeiten. Will man aber eine günstige Lage finden, muß man einerseits alle Punkte berücksichtigen, die Voraussetzung für ein gutes Funktionieren des offenen Kamins sind und andererseits darf man das Wohlbefinden der sich um den offenen Kamin Scharenden nicht außer acht lassen.

Bei vielen Wohnungsgrundrissen findet man als Wohnzimmer einen Raum mit einer Außenwand, die mit Fensterflächen durchbrochen ist, und drei Innenwänden ohne Fenster. Ist der Raum nicht zu üppig bemessen, kann hier ein sehr häufig gewählter wandbündiger offener Kamin in Frage kommen, der in eine der Innenwände einbezogen ist. Denn man kann davon ausgehen, daß der Schornstein sowieso an einer der Innenwände steht, weil er hier keiner zu starken Abkühlung ausgesetzt ist. Varianten in Form von vorspringenden offenen Kaminen oder Eckkaminen sind möglich.

Bereits im Planungsstadium sollte man sich aber darüber im klaren sein, daß die sich vor dem offenen Kamin erwärmende Luft zu einer mehr oder weniger starken Luftzirkulation im Raum führt: Die warme Luft vor dem offenen Kamin steigt auf, verteilt sich an der Decke, kühlt sich an den Fensterflächen ab und fällt als kühlere Raumluft zum Fußbodenbereich zurück. Da der offene Kamin Verbrennungsluft auch aus dem Zimmer abzieht, könnte es so zu Zugerscheinungen kommen. Man müßte demnach Sorge tragen, daß der Sitzbereich von diesen Einwirkungen möglichst unberührt bleibt.

Natürlich kann man den Standort für den offenen Kamin auch an der Außenwand wählen. Das hat den Vorteil, daß die Frischluftzufuhr ohne Umschweife direkt von außen möglich ist. Allerdings ist es hier erforderlich, daß der Schornstein besonders gut isoliert wird, um eine zu rasche Abkühlung der Rauchgase und sich daraus ergebenden schlechten Zug zu verhindern. Zusätzliche Isolierung bedeutet aber auch zusätzliche Kosten.

Hat man genügend Platz zur Verfügung oder handelt es sich um einen unregelmäßig zugeschnittenen Raum, bieten sich auch andere Lösungen für die Plazierung des offenen Kamins an: etwa ein in den Raum vorspringender Kaminblock oder eine in den Raum gebaute Kaminwand, die diesen in verschiedene Funktionsbereiche gliedert. Eine andere, attraktive doch aufwendige Lösung, ist ein zentral in der Raummitte angeordneter offener Kamin, der betont als Mittelpunkt des Raumes wirkt und um den sich alles schart. Allerdings muß hier berücksichtigt werden, daß ein freistehender, offener Kamin mit allseits offenem Feuerraum nach den neuesten Richtlinien einer Sondergenehmigung (Befreiung) bedarf, und daß dieser offene Kamin störanfälliger ist als andere Konstruktionen.

Zum Thema »Einwandfreies Funktionieren« läßt sich grundsätzlich sagen, daß ein nur einseitig offener Kamin die besten Voraussetzungen für gutes Funktionieren hat. Je mehr Strahlungsflächen da sind, z. B.

8

beim zweiseitig, dreiseitig oder allseitig offenen Kamin, umso anfälliger ist dieser und desto sorgfältiger muß die Berechnung der Dimensionen durchgeführt werden.

Da die meisten Bilder der offenen Kamine für sich selbst sprechen, wird es den Leser dieses Buches kaum stören, daß auf einzelne Bildunterschriften verzichtet wurde.

Feuerraumöffnung

Als Feuerraumöffnung wird die lichte Öffnung des Feuerraums bezeichnet, durch die die Strahlungswärme austritt und die Verbrennungsluft – je nach Konstruktion ganz oder teilweise – zuströmt. Es gibt auch zwei- und dreiseitig – im Sonderfall auch – allseitig geöffnete Feuerräume.

Die Feuerraumöffnung für einen offenen Kamin kann aber nicht beliebig groß gewählt werden, beispielsweise allein nach gestalterischen Gesichtspunkten, vielmehr muß sie auf die Größe des Raumes und den Schornsteinquerschnitt abgestimmt sein. Siehe auch Tabelle »Richtwerte« auf Seite 20.

Die Größe der Feuerraumöffnung darf – je nach Schornsteinhöhe – etwa 8–15mal so groß sein, wie der Schornsteinquerschnitt, wobei die Fläche der Feuerraumöffnung etwa im Verhältnis 1:40 bis 1:70 zu der Raumfläche steht. Die Höhe der Feuerraumöffnung zeigt in den Proportionen ca. $^2/_3$ bis $^3/_4$ der Feuerraumbreite. Das ergibt in der Regel eine Feuerraumöffnung, in Form eines liegenden Rechteckes.

Der optische Eindruck von Lage und Größe der Feuerraumöffnung wird stark von der gesamten Kamingestaltung – und speziell durch die Art der Verblendung – bestimmt. Denn die Öffnung kann durch eine umlaufende Blende oder ein Kamingesims betont werden, oder aber nur ein von der Funktion bestimmter Ausschnitt in der schlicht gestalteten Kaminverkleidung sein. Es bleibt aber unbestritten, daß man den besten Blick in das Feuer hat, wenn der Feuerraum über einem Kaminsockel angeordnet ist. Liegt die Feuerraumöffnung nämlich zu tief und wurden hierfür nicht entsprechende Sitzgelegenheiten eingeplant wie z. B. eine Sitzmulde oder sehr niedere Sitzelemente, trifft die Strahlung ungünstig auf die Davorsitzenden und der Blick auf das offene Feuer wird beeinträchtigt.

Feuerraum

Den Feuerraum kann man als Kernstück der Kaminanlage betrachten, denn in ihm brennt das offene Feuer ab. Das bedeutet aber auch, daß hier die größte Wärme entsteht und die Bauteile: Feuerraumboden, Feuerraum-Rückwand und -Seitenwände, aus formbeständigen, nichtbrennbaren Baustoffen ausgeführt sein müssen. Nach oben geht der Feuerraum in den Rauch-

sammler über. Mindestens an einer Seite, an der Vorderseite, ist der Feuerraum offen.

Böden und Wände des Feuerraums sind z. B. aus Schamottesteinen oder -platten herzustellen, aus Mauersteinen, die für den Bau von Schornsteinen geeignet sind oder aus Leichtbetonplatten aus Ziegelsplitt. Leichtbeton und Mauersteine – ausgenommen Klinkersteine – müssen feuerraumseitig durch Schamotte oder Klinker ausgekleidet sein. Es können auch werkseitig vorgefertigte Bauteile aus Schamotte,

feuerfestem Beton oder Grauguß sein. Die verwendeten Mörtel und Kitte müssen für den gewählten Baustoff geeignet sein und die Standsicherheit der Konstruktion – nicht nur in kaltem Zustand sondern auch bei Betriebstemperatur – gewährleisten. Steine und Platten sind eng- und vollfugig zu vermauern; Bauteile aus Grauguß werkstoffgerecht durch Klammern oder dergleichen zu verbinden.

Soll der offene Kamin einwandfrei funktionieren, muß darauf geachtet werden,

daß die Dimensionierung genau stimmt: Wie Erfahrungswerte zeigen, sollte die Feuerraum-Tiefe proportional etwa die Hälfte der Breite – oder zwei Drittel der Höhe – der Feuerraumöffnung haben. Normalerweise wird sie aber nicht weniger als 45 cm messen, weil sonst Rauchaustritt befürchtet werden muß. Umgekehrt aber sollte die Feuerraum-Tiefe bei größeren offenen Kaminen nicht über 60 cm hinausgehen. Schräge Feuerraum-Seitenwände können zur schnelleren Erwärmung des Feuerraums und zur besseren Strahlung beitragen.

Ein so konstruierter Feuerraum entspricht der Forderung nach maximaler Wärmestrahlung.

Ascheraum und weitere Bauteile

Das lästige Zusammenkratzen der Asche kann man sich ersparen, wenn man einen Ascheraum unter dem Feuerraum einbaut, in den die Asche fallen kann. Je nach Größe, braucht dieser nur von Zeit zu Zeit entleert zu werden.

Der Ascheraum kann verschieden ausgeführt sein: zum Beispiel als Aschekasten der – unter einem aufklappbaren Gußrost – in den Feuerraumboden eingelassen ist. Weiter besteht die Möglichkeit, eine Aschelade in den Kaminsockel einzuschieben die nach vorn herausziehbar ist. Konstruktiv ist es möglich, daß durch den Ascheraum Verbrennungsluft zuströmt.

Im Zusammenhang mit dem Feuerraumboden sind noch die unbedeutenderen Bauteile zu nennen, auf die man aber nicht immer verzichten kann, weil sie die Kaminkonstruktion ergänzen. Als Planrost wird der planebene Bauteil im Feuerraumboden bezeichnet, durch den die Asche in den Ascheraum fällt, aber keine oder wenig Verbrennungsluft zuströmt.

Mit dem Feuerbock dagegen wird der Feuerraumboden durch aufgesetzte Formsteine oder durch einen eisernen Feuerbock stellenweise erhöht. Durch den Feuerbock kann von unten Verbrennungsluft zuströmen. Die anfallende Asche fällt auf den Feuerraumboden oder in die darunterliegende Aschelade.

Der Stehrost soll das Herausfallen von Brennstoffen aus dem Feuerraum verhindern. Er wird vor der Feuerraumöffnung zwischen den Feuerraumseitenwänden auf dem Feuerraumboden aufgestellt oder be-

festigt. Ein Stehrost kann auch Bestandteil des Feuerbocks sein.

Roste und Feuerböcke sind aus Grauguß oder Schmiedeeisen herzustellen. Für den Feuerbock können auch Schamottesteine, Klinkersteine oder Formsteine aus feuerfestem Beton verwendet werden.

Rauchsammler

Der Rauchsammler (regional auch Rauchfang oder Rauchkammer genannt) umgrenzt den Raum über dem Feuerraum. Im Rauchsammler werden die Rauchgase gesammelt und in das Verbindungsstück (Rauchrohr) eingeleitet, das in den Schornstein mündet. Er dient aber auch als Pufferzone für die einfallende Kaltluft und verhütet bei plötzlichem Windeinfall Rauchaustritt und Flammenrückschlag.

Aus diesem Grunde – und zur Verbesserung des Zugs – verengt sich der Rauchsammler nach oben hin. Dieser Teil wird als Rauchkehle (Rauchhals) bezeichnet.

Offene Kamine in Räumen müssen eine Absperreinrichtung (Rauchklappe, Absperrklappe) zum Verschließen des offenen Kamins zum Schornstein hin haben. Diese muß in den Rauchsammler oder in das Verbindungsstück eingebaut werden. Sie darf die Prüf- und Reinigungsarbeiten nicht behindern, sollte feststellbar sein und sich nicht selbsttätig schließen können. Die Stellung der Absperrklappe muß erkennbar sein, beispielsweise an einer Markierung am Bedienungsgriff. Absperreinrichtungen gibt es zum Kippen, Drehen und Ziehen.

Bei früheren Kaminkonstruktionen, die noch auf konventionelle Art, nämlich Stein auf Stein, gemauert wurden, legte man die Konstruktion nicht selten so an, daß ein Rauchsims (Umlenkboden) entstand: ein durch die vorgezogene Feuerraumwand gebildeter Absatz, der in Höhe der Rauchkehle liegt. Seine Aufgabe ist es, den Ruß aus dem Schornstein zu sammeln, aber auch die herabfallende Kaltluft aufzuhalten. Denn die Kaltluft soll so gestaut und durch den Zug wieder nach oben umgelenkt werden. Der Zug ist in diesem Bereich durch die Verengung der Rauchkehle am stärksten.

Bei den technisch weiterentwickelten modernen Kamineinsätzen und Komplettkaminen ist diese »Umlenkvorrichtung« nicht mehr notwendig, teilweise auch nicht mehr vorhanden.

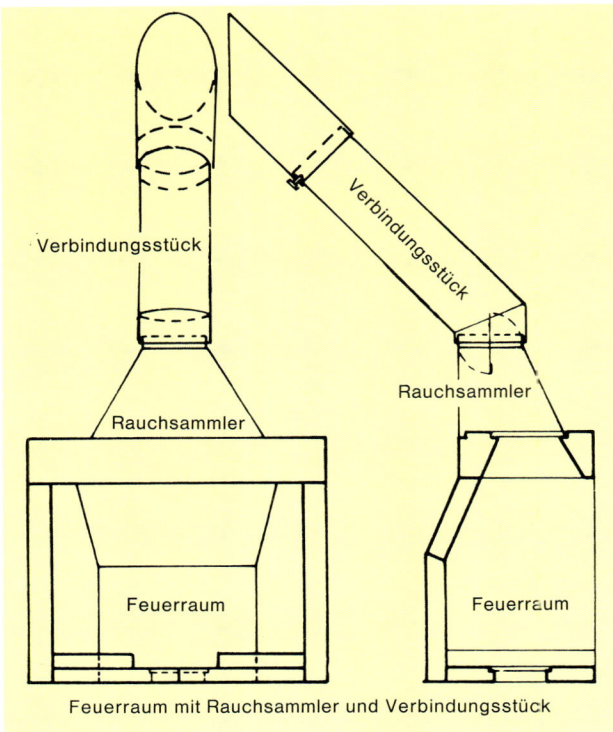

Feuerraum mit Rauchsammler und Verbindungsstück

Verbindungsstück

Das Verbindungsstück zwischen Rauchsammler und Schornstein kann als Rauchrohr oder Rauchkanal ausgeführt werden.

Rauchrohre können aus mindestens 2 mm dickem Stahlblech oder aus mineralischen Formstücken (die als rauchgasführende Rohre im Schornsteinbau geeignet sind) hergestellt werden.

Rauchrohre innerhalb der Verkleidung des offenen Kamins müssen mit mindestens 3 cm dicken Dämmatten aus nichtbrennbaren Baustoffen ummantelt werden.

Verbrennungsluftzufuhr

Während das offene Kaminfeuer brennt, braucht es eine stattliche Menge Luft, die aus dem Zimmer abgezogen wird. Ein großer Teil wird für den Zug benötigt und geht unverbraucht wieder zum Schornstein hinaus. Der Rest dient als Verbrennungsluft für das Feuer. Aus diesen Gründen ist

für das einwandfreie Funktionieren des offenen Kamins eine wichtige Voraussetzung, daß ständig ausreichend frische Luft zugeführt wird.

Früher waren hierfür in der Regel keine besonderen Maßnahmen erforderlich, denn die natürliche Undichtigkeit von Fenstern und Türen sorgte für genügend Luftwechsel. Zugerscheinungen wurden dabei in Kauf genommen, und man schützte sich davor durch entsprechend hohe Ohrensessel.

Heute dagegen versucht man bei allen Bauteilen möglichst hohe Dämmwerte und Dichtigkeit zu erreichen, das bedeutet, daß im Normalfall weder unkontrolliert Luft entweichen noch eindringen kann. Bei so dichter Bauweise muß der Raum (Aufstellraum), in dem der offene Kamin aufgestellt ist, eine Verbrennungsluftleitung haben, die vom Freien zur Feuerraumöffnung des offenen Kamins führt. Die Leitung kann ganz oder teilweise innerhalb des offenen Kamins verlaufen. Um im Sitzbereich Zugerscheinungen zu vermeiden, ist die Mündung der Verbrennungsluftleitung an der Feuerraumöffnung so auszubilden, daß der zugeführte Luftstrom möglichst vollständig in die Feuerraumöffnung eintritt.

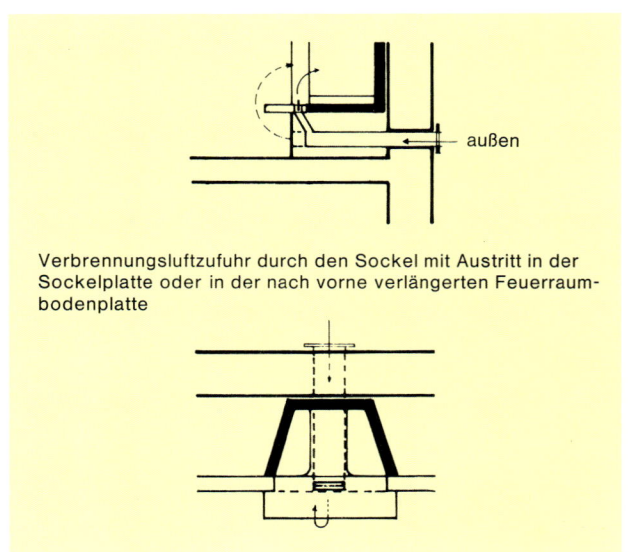

Verbrennungsluftzufuhr durch den Sockel mit Austritt in der Sockelplatte oder in der nach vorne verlängerten Feuerraumbodenplatte

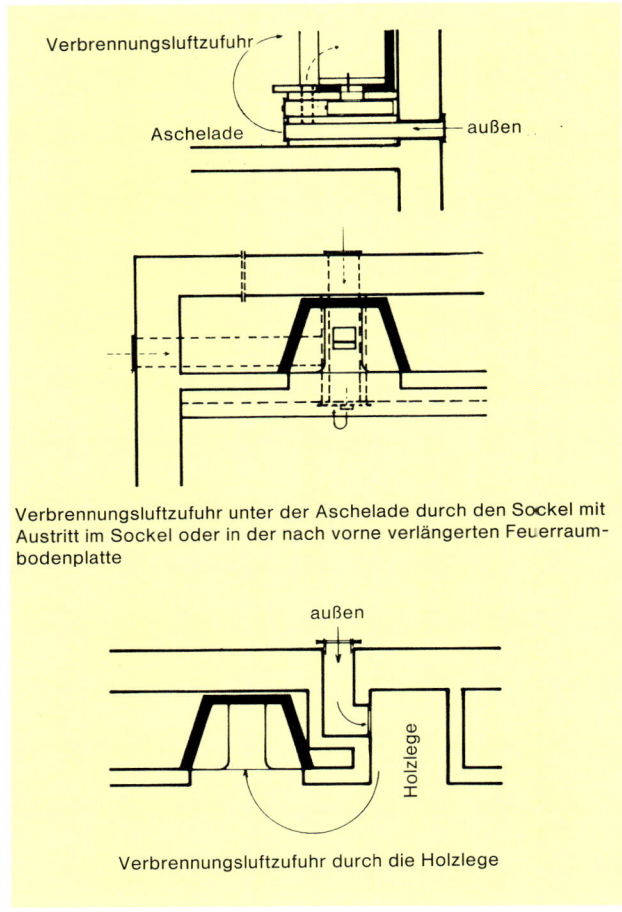

Verbrennungsluftzufuhr

Aschelade

außen

Verbrennungsluftzufuhr unter der Aschelade durch den Sockel mit Austritt im Sockel oder in der nach vorne verlängerten Feuerraumbodenplatte

außen

Holzlege

Verbrennungsluftzufuhr durch die Holzlege

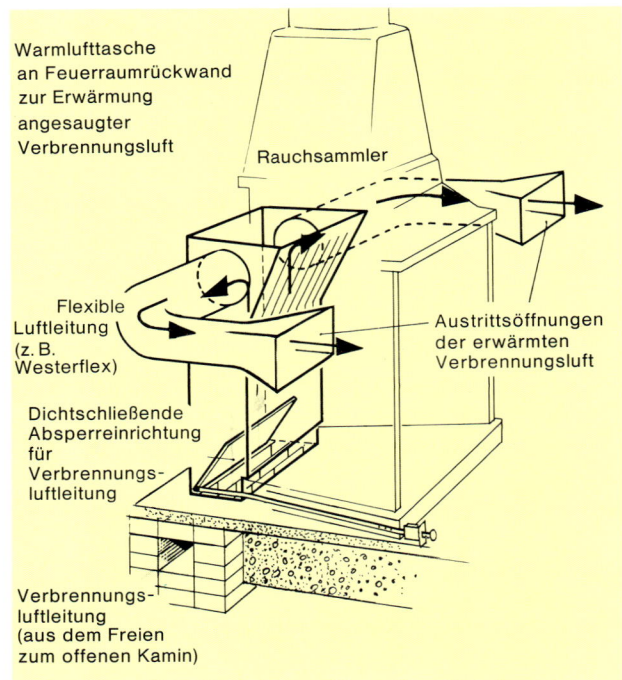

Warmlufttasche an Feuerraumrückwand zur Erwärmung angesaugter Verbrennungsluft

Rauchsammler

Flexible Luftleitung (z. B. Westerflex)

Austrittsöffnungen der erwärmten Verbrennungsluft

Dichtschließende Absperreinrichtung für Verbrennungsluftleitung

Verbrennungsluftleitung (aus dem Freien zum offenen Kamin)

Die Verbrennungsluftleitung muß eine Absperrvorrichtung haben, die dicht schließt und die Einstellung der Absperrvorrichtung erkennen läßt.

Sehr vorteilhaft ist die Erwärmung der von außen zugeführten Verbrennungsluft, indem man diese – im Winter recht kalte – Außenluft mit einem Teil der Rauchgaswärme aufheizt, die sonst ungenützt mit den Rauchgasen über den Schornstein abzieht.

In einer Warmlufttasche aus Stahlblech (wie ein Rucksack an die Feuerraumrückwand angehängt) wird die angesaugte Außenluft erwärmt, indem man den Rauchgasen Wärme entzieht, die sonst ungenützt mit den Rauchgasen in den Schornstein abzieht.

Es gibt auch noch andere Konstruktionen, mit denen eine Wärmerückgewinnung zur Erwärmung der angesaugten Außenluft möglich ist, z. B. zum Einbau in den Rauchsammler oder einen gußeisernen Luftheizeinsatz, mit dekorativen Motiven (in die Rückwand eingegossen) und zu diesen Motiven passenden gußeisernen Feuerböcken.

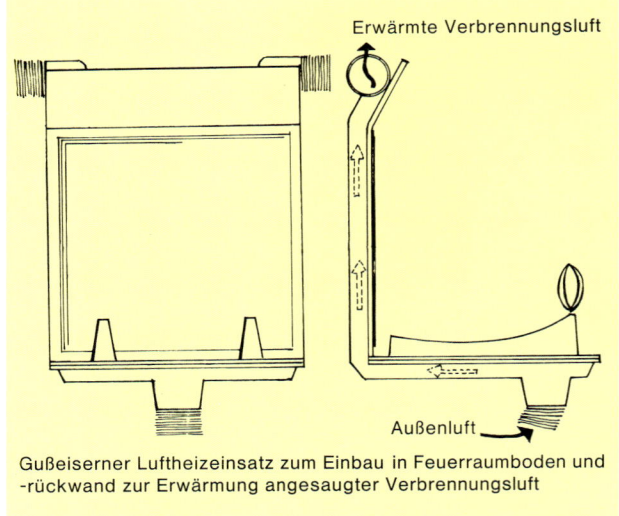

Erwärmte Verbrennungsluft

Außenluft

Gußeiserner Luftheizeinsatz zum Einbau in Feuerraumboden und -rückwand zur Erwärmung angesaugter Verbrennungsluft

Wichtig ist, daß diese Spezialbauteile innen möglichst glatt und strömungsgünstig sind, damit sich wenig Staub ablagern kann und ein hygienisch einwandfreier Betrieb möglich ist.

Die Wärmeleistung dieser Spezialbauteile hängt natürlich sehr von der stündlichen Brennstoffmenge ab; sie reicht aber stets aus, um die angesaugte Verbrennungsluft auf Raumtemperatur zu erwärmen. Sie kann und soll aber an kühlen Abenden oder bei Kurzzeitbetrieb im Wochenendhaus oder in einer Jagdhütte auch einen Heizeffekt erzielen, kann jedoch nie die Leistung einer Warmluft-Heizungsanlage erreichen.

Schornstein

Schornstein und Kamin, beide Begriffe werden mancherorts für den gleichen Bauteil verwendet: für den Schornstein, der die Verbrennungsgase ins Freie führt und für den erforderlichen Zug sorgt. Zur besseren Unterscheidung wird aber hier als Kamin oder offener Kamin der Bauteil bezeichnet, der aus Feuerstätte und ihrer Verkleidung besteht und als schmückendes Gestaltungselement im Raum hervortritt.

Jede Kaminanlage besteht aus drei wesentlichen Bauteilen: aus offenem Kamin, Verbindungsstück und Schornstein. Der offene Kamin muß an einen eigenen Rauchschornstein angeschlossen werden, denn wegen seiner relativ niedrigen Rauchgastemperaturen reagiert er bei Falschluft empfindlicher als andere Feuerstätten. An Schornsteine aus Metall oder an mehrschalige Schornsteine mit metallischen Innenrohren dürfen keine offenen Kamine angeschlossen werden. In einigen Ländern (z. B. Baden-Württemberg) ist für den Einbau eines offenen Kamins eine Baugenehmigung der zuständigen Bauaufsichtsbehörde notwendig.

Der offene Kamin funktioniert nur richtig, wenn im Schornstein ein beständiger Unterdruck herrscht. Daher ist es wichtig, daß die Größe der Feuerstätte, die Temperatur der Rauchgase, Schornsteinquerschnitt und -höhe sowie die Verbrennungsluftzufuhr aufeinander abgestimmt sind.

Bezogen auf den Schornstein, beträgt der angemessene Schornsteinquerschnitt im Licht im Normalfall rund $1/8$ bis $1/12$ und in sehr günstigen Fällen $1/15$ der Feuerraumöffnung. »Normal« wäre eine wirksame Schornsteinhöhe (diese beginnt ab Oberkante Feuerraumöffnung und reicht bis zur Schornsteinmündung) zwischen 6 und 12 Metern. Je nach Höhe des Schornsteins wird dieses Verhältnis größer oder kleiner. Doch sollte der Querschnitt nie weniger als 20×20 cm oder 20 cm Durchmesser betragen. Ist der Schornsteinquerschnitt aber zu groß, wirkt sich dies ungünstig auf die Zugstärke aus, weil sich die Rauchgase zu stark abkühlen und schlecht abziehen. Verwendet man vorgefertigte Kamineinsätze, sollte man die vom Hersteller angegebenen Schornsteinmaße berücksichtigen.

Schornstein- querschnitt cm/cm	Feuerraum- öffnung m²	Raumgröße (bei ca. 2,5 m Höhe) etwa m²
20/20	0,25 0,30	12–20
	0,35	15–20
25/20	0,40	bis 25
	0,45	bis 30
25/25	0,50	bis 40
	0,60	über 40
30/25	0,70	
	0,80	über 50
30/30	0,90	
	1,00	über 60
35/30	1,25	über 70
35/35	1,50	über 80

Richtwerte für die Dimensionierung des offenen Kamins und des Schornsteins

Diese *Richtwerte* gelten für wirksame Schornsteinhöhe von ca. 4,5 bis 7,5 m bei Verwendung dreischaliger Schornsteine (mit Schamotte-Innenrohr).

Bei einschaligen Formschornsteinen und bei gemauerten Schornsteinen ist bei gleicher wirksamer Schornsteinhöhe die Verwendung eines Schornsteins mit dem nächstgrößeren Querschnitt zu empfehlen.

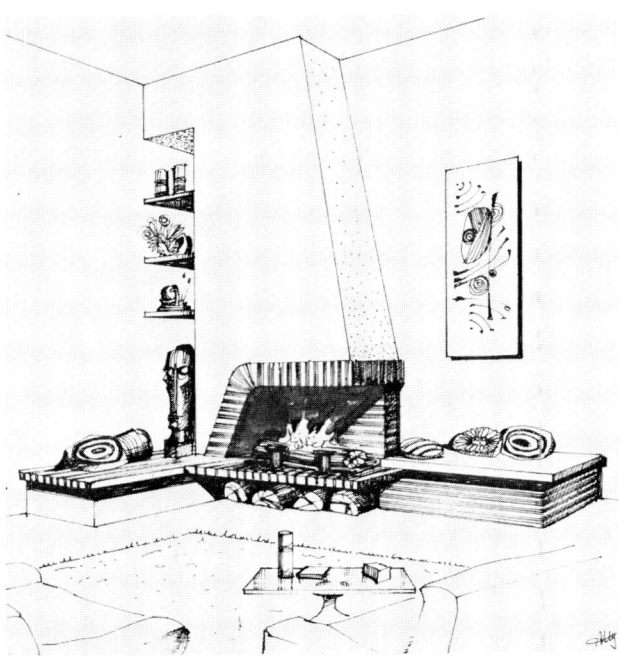

Brennt das Feuer im offenen Kamin, entsteht im Schornstein durch den Gewichtsunterschied der heißen Rauchgassäule gegenüber der gleichhohen Außenluftsäule ein Unterdruck, der für guten Abzug der Rauchgase sorgt. Je größer der Temperaturunterschied der beiden Luftsäulen und je höher der Schornstein, um so besser ist der Zug.

Auch die Größe des lichten Schornsteinquerschnitts und seine Form spielen eine Rolle: ob rund, quadratisch oder rechteckig; ebenso ist die mehr oder weniger glatte Ausführung der Schornstein-Innenwände von Bedeutung. Am günstigsten ist aber ein

runder Schornsteinquerschnitt oder wenigstens abgerundete Ecken, in Verbindung mit glatten Innenflächen. Hier können die Rauchgase »reibungslos« abziehen. Außerdem ist für den Schornstein ein von der Sohle bis zur Mündung gleichbleibender Querschnitt gefordert, der eine einwandfreie Reinigung ermöglicht und guten Zug gewährleistet.

Im Normalfall wird schon beim Öffnen der Rauchklappe ein natürlicher Zug beginnen. Ist die Luftsäule im Schornstein aber kälter als die Außenluft – wie es beispielsweise nach einer kühlen Sommernacht der Fall sein kann –, entsteht Überdruck im Schornstein und eine umgekehrte Strömung tritt ein: Die Rauchgase fließen beim Anheizen ins Zimmer. Das kann auch passieren, wenn sich die Rauchgase in der kalten Jahreszeit wegen schlechter Isolierung des Schornsteins zu stark abkühlen. Dabei schlägt sich auch Feuchtigkeit an den Schornsteinwandungen nieder, die zur Versottung führt und eine Gefahr für das Mauerwerk des Schornsteins werden kann.

Aus diesem Grunde ist die Lage des Schornsteins richtig zu bestimmen, das heißt: er sollte in der Regel im Innern des Hauses liegen. Befindet er sich aber aus zwingenden Gründen an einer Außenwand, sind besondere Isolierungsmaßnahmen erforderlich, die natürlich mit Mehrkosten verbunden sind.

Über Dach wird der Schornstein – wenn er in Firstnähe austritt – ca. 50–70 cm weiter hochgeführt. Es ist aber auch möglich, daß er an beliebiger Stelle, weiter unten in der Dachfläche sitzt. In diesem Fall muß die Schornsteinmündung entsprechend höher geführt werden, damit er in der freien Windströmung liegt und so den ungehinderten Abzug der Rauchgase garantiert.

Lage und Ausbildung des Schornsteinkopfes tragen außerdem zur positiven oder

negativen Wirkung des gesamten Baukörpers bei.

Eine Schornsteinabdeckung schützt den Schornstein vor Witterungseinflüssen. Am wenigsten behindern einfache Schornsteinabdeckungen, wie die Meidinger Scheibe, handwerklich hergestellte Metallabdeckungen, oder eine gleich in den Schornsteinkopf eingelassene Betonscheibe die Zugwirkung.

Für extreme Fälle, wo starke Stau- oder Fallwinde den Zug erheblich stören, bleiben als letzte Lösung Schornsteinaufsätze mit mehrschichtig aufgebauten Rauchauslässen. In Waldgebieten sind spezielle Funkenfänger vorgeschrieben, die über der Schornsteinmündung montiert werden und mit dem Schornsteinkopf fest, doch lösbar verbunden sein müssen. Sie bestehen aus einem Drahtnetz und haben oben eine Blechabdeckung.

Eine Maßnahme um die Zugleistung des Schornsteins zu erhöhen, ist der Einbau eines Schornsteinventilators. Der Schornsteinventilator hat einen relativ großen Platzbedarf. Seitlich am Schornstein befestigt – saugt er die Rauchgase aus dem unteren Teil des Schornsteins ab und bringt sie mit hoher Geschwindigkeit nach oben. Dabei werden die übrigen Rauchgase mitgerissen. Schornsteinkopfventilatoren (Rauchsauger) können leicht auch nachträglich wie ein Aufsatz auf der Schornsteinmündung montiert werden. Natürlich darf der Ventilator die Schornsteinreinigung nicht behindern.

Konstruktion

Der Schornstein muß laut Bauordnung bestimmten Anforderungen genügen: Er muß feuerbeständig gebaut sein, das Gebäude vor Brandschaden schützen und die Rauchgase vor zu schneller Abkühlung bewahren. Außerdem ist es seine Aufgabe, Rauchbelästigungen im Haus und außerhalb zu verhindern. Für die Reinigung des Schornsteins müssen am unteren und oberen Ende dicht schließende Reinigungsöffnungen vorhanden sein.

Wird der Schornstein konventionell gemauert, kommen folgende Werkstoffe in Frage: Kalksandstein oder Bimsstein, Mauerziegel und Naturstein. Die Schornsteinwangen werden im Haus mindestens 11,5 cm = $\frac{1}{2}$ Stein-Stärke dick gemauert. Bei Schornsteinen mit über 500 cm² lichtem Querschnitt ist eine Wangenstärke von mindestens 24 cm erforderlich. Der Mauerverband ist vollfugig und rauchdicht herzustellen.

Heute werden in Wohngebäuden schon die meisten Schornsteine aus Fertigteilen hergestellt, die den Vorteil haben, daß sie wenig Montagezeit beanspruchen, glatte Innenflächen, wenig Fugen und eine gute Wärmedämmung besitzen. Die vorgefertigten Formsteine bestehen aus Ziegelsplitt, Schamottebeton oder ähnlichen feuerfesten Werkstoffen. Sie werden vollwandig oder doppelwandig mit Hohlzellen geliefert. Alle diese Fertigteilschornsteine bedürfen einer amtlichen Bauart-Zulassung.

Bauart: vor oder neben dem Schornstein

Bei der Planung eines offenen Kamins muß einerseits auf eine günstige Lage des Schornsteins geachtet werden, andererseits wird aber auch der Bauherr seine Wünsche hinsichtlich der Gestaltung des offenen Kamins geltend machen.

Je nachdem, ob der Schornstein unsichtbar hinter dem Mauerwerk verläuft oder als Mauervorsprung im Raum hervortritt, kann der offene Kamin vor oder neben dem Schornstein angeordnet sein. Die Ausführung des offenen Kamins muß sich nach dieser konstruktiven Gegebenheit richten.

Der offene Kamin wird mit einem Verbindungsstück (Rauchrohr) auf kürzestem Weg an den Schornstein angeschlossen.

Bei freistehenden offenen Kaminen muß der Schornstein direkt über dem Feuerraum sein.

Diese Konstruktionen findet man besonders im Ausland. In Deutschland werden sie immer seltener, weil sie nicht den deutschen Bauvorschriften entsprechen und einer Sondergenehmigung (Befreiung) bedürfen.

Ein freistehender, offener Kamin, ist gewiß ein guter Blickfang und beliebter Anziehungspunkt für gesellige Abende. Zwar ist ein allseitig offener Kamin bei Luftzug im Raum anfälliger, doch hat er in der Regel einen besseren Zug als andere offene Kamine, weil die Rauchgase ohne vorherige Abkühlung direkt in den Schornstein aufsteigen. Die Schwierigkeit bei dieser Konstruktion liegt hauptsächlich in der Statik, denn die Last des Schornsteins muß abgefangen werden. Ein ausgesprochener Nachteil aber zeigt sich erst bei der Reinigung des Schornsteins, wenn der Ruß trotz Rauchklappe in den Raum dringt.

Verkleidung

Beim offenen Kamin sollte nicht nur die technische Ausführung stimmen, die das einwandfreie Funktionieren garantiert, sondern auch die Gestaltung, da der offene Kamin meist auch repräsentativer Mittelpunkt des Wohnraumes sein soll. Deshalb ist es wünschenswert, unabhängig davon, ob der offene Kamin gerade in Betrieb ist, daß er auch ohne Feuer ein dekoratives Gestaltungselement darstellt.

Hat man sich für einen offenen Kamin entschieden, lohnt es sich, Lage, Form und äußere Gestaltung sorgfältig mit der übrigen Innenraumgestaltung in Einklang zu bringen. Hier gibt es manches im voraus zu

überlegen: paßt ein kubisch aufgebauter Kaminblock, der den Feuerraum nur als Ausschnitt zeigt und sonst senkrechte Flächen aufweist oder soll man die konstruktive Form des Kaminbausatzes durch eine entsprechend hervortretende Haube betonen. Innerhalb dieser beiden Bauarten bleibt natürlich noch genügend Spielraum für die individuelle Gestaltung des eigenen offenen Kamins.

Allerdings sollte man sich bei der Wahl des offenen Kamins bewußt sein, daß es hier nicht darauf ankommt, sich für ein modisches Accessoire zu entscheiden, das man wie ein Möbelstück auswechseln kann; vielmehr handelt es sich in der Regel um einen fest eingebauten Teil, der sich nicht ohne größeren Aufwand verändern läßt.

Als Werkstoffe können für die Verkleidung des offenen Kamins insbesondere Mauersteine, Wandbauplatten, Klinker, Handstrichziegel, Betonwerksteine, mauergerechte natürliche Steine, Kacheln oder Metalle verwendet werden.

Trotz der Einschränkung auf nichtbrennbare Werkstoffe bedeutet das in der Praxis doch, daß genügend unterschiedliche Kaminverkleidungen zur Wahl stehen: angefangen bei roh behauenen Steinen über Natursteinplatten bis hin zu Sichtbeton. Auch Klinker, Handstrichziegel, gekalktes Ziegelmauerwerk, Biberschwanz – Dachplatten und Kacheln unter Umständen auch bemalt – werden gern verwendet, ebenso feiner und grober Putz, der auf Rabitzgewebe aufgebracht wird, damit er einwandfrei hält. Natürlich sind auch Kombinationen möglich, wenn sie mit Fingerspitzengefühl zusammengestellt werden. So ergeben sich durch verschiedene Werkstoffe und verschiedenartige formale Ausbildung des offenen Kamins eine Vielzahl von Gestaltungsmöglichkeiten. Je nach Geschmack und Geldbeutel kann man sich ei-

nen individuell entworfenen offenen Kamin herstellen lassen oder auf das vielfältige Angebot an Komplettkaminen zurückgreifen, die man nach Katalog aussuchen kann.

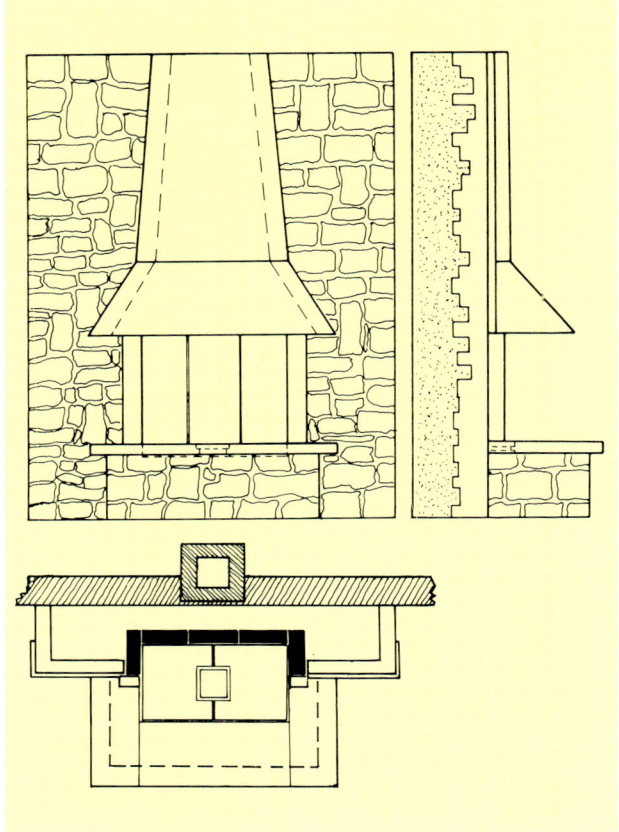

Außer den mehr oder weniger massiv gebauten Kaminverkleidungen, die die Feuerraumwände, Ascheraumwände und den Rauchsammler umschließen, gibt es auch Verkleidungen aus Kupfer oder Edelstahl, die nur den oberen Teil – den Rauchsammler – verkleiden. Man bezeichnet diese dekorativ ausgeführten Metallhauben als Kaminschürze oder Kutte. Bei den Verkleidungen aus Metall ist darauf zu achten, daß sie handwerksgerecht hergestellt und versetzt werden.

Natürlich findet man auch bei den offenen Kaminen ausgefallene Gestaltungen, die z. B. mit den Materialien Glas, Spiegel und Metall spielen. Als Gestaltungsmittel dienen hier oft Kontraste zwischen farbigen, matten und hochglänzenden Flächen oder hervortretende, ungewöhnlich formale Akzente.

Offener Kamin im Neubau

Wünscht man sich für ein neues Haus einen offenen Kamin, sollte dieser Wunsch bereits in der Planungsphase berücksichtigt werden. Ein günstiger Standort innerhalb des geplanten Grundrisses wird festgelegt, die Größe des offenen Kamins bestimmt und ein Schornstein mit den entsprechenden Dimensionen eingeplant. Denn hier hat man den Vorteil, daß die Gesamtkonzeption des Hauses in der Planungsphase noch flexibel ist und je nach Notwendigkeit noch geändert werden kann, ohne daß unnötige Kosten entstehen.

Offener Kamin im Altbau

Anders verhält es sich beim Altbau. Denn hier ist es oft nur unter Schwierigkeiten möglich, den richtigen Standort zu bestimmen. Man wird sich entweder nach einem vorhandenen Schornstein richten oder an günstiger Stelle einen neuen Schornstein erbauen müssen.

In manchen Fällen ist bereits ein offener Kamin vorhanden, den man nur überprüfen muß. Hier sollte durch den Fachmann festgestellt werden, ob der offene Kamin und der Schornstein noch betriebssicher sind: Risse oder andere Undichtigkeiten am Schornstein müssen abgedichtet, verstopfte Stellen durchgeputzt werden.

13

Liegt der offene Kamin an einer günstigen Stelle der Wohnung und funktioniert er gut, spricht nichts dagegen, daß man ihn beibehält. Denn meist sind alte offene Kamine in einem unaufdringlichen klassischen Stil gebaut, der durchaus auch zu einer modernen Einrichtung paßt. Kleine Schönheitsfehler können durch geringfügige optische Veränderungen behoben werden: beispielsweise durch Überstreichen der unerwünschten Details, die somit in den Hintergrund treten und bedeutungslos werden; oder durch Betonung einzelner Stilelemente, die zu einer klaren Gestaltung beitragen.

Ist der vorhandene offene Kamin formal nicht mehr tragbar oder etwa stark beschädigt und will man diesen verändern oder neu bauen, bleibt hier die Möglichkeit, den Anschluß am vorhandenen Schornstein zu belassen. Die Neugestaltung des offenen Kamins wird dadurch nicht beeinträchtigt.

Da beim nachträglichen Einbau eines offenen Kamins im Altbau die Schwierigkeit

hauptsächlich in der Erstellung eines separaten Schornsteins liegt, lohnt es sich, alle Möglichkeiten einer Kosteneinsparung im voraus zu überlegen. Denn auch im Altbau braucht man nicht auf den Komfort eines offenen Kamins zu verzichten; doch gibt es hier, will man sich Ärger ersparen, einiges zu beachten.

Im günstigen Fall kann es bei einem Altbau so sein, daß durch die Umstellung auf ein modernes Heizungssystem ein noch funktionstüchtiger Schornstein frei wird.

Wenn ein solcher Schornstein als Anschluß für den offenen Kamin in Frage kommt, sollte zuerst überprüft werden, ob Schornsteinquerschnitt und Raumvolumen in einem brauchbaren Verhältnis zueinander stehen und sich dadurch für die Bemessung des offenen Kamins keine unüberwindlichen Schwierigkeiten ergeben. Denn nach diesen vorgegebenen Maßen läßt sich nachfolgend die passende Größe für den Feuerraum des offenen Kamins bestimmen.

Da jeder offene Kamin laut Bauordnung

Funkenschutzgitter

Grillrost mit Ständer

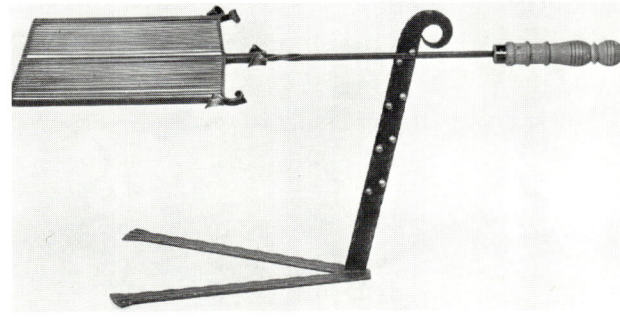

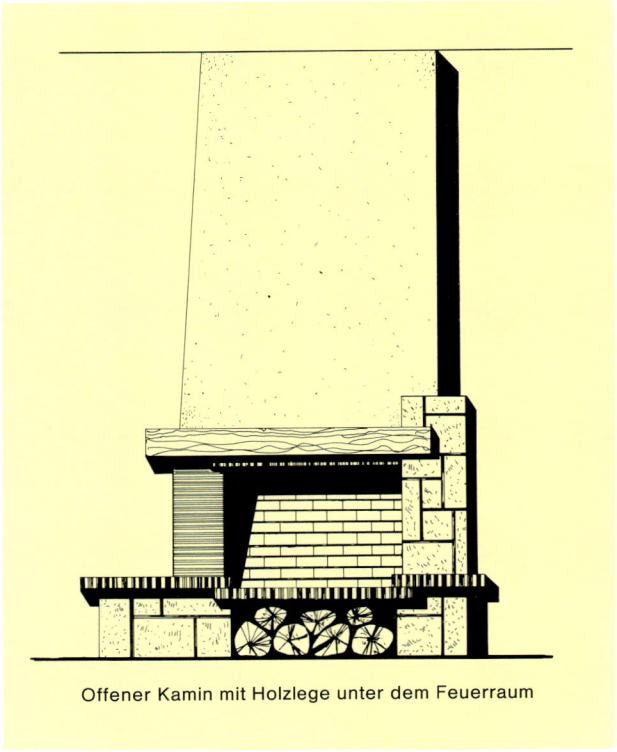

Offener Kamin mit Holzlege unter dem Feuerraum

Holzlege

Beim Bau eines offenen Kamins sollte man den Platz für die Unterbringung des Holzes nicht vergessen. Am besten wird die Holzlege gleich in die Gestaltung der Kaminwand einbezogen, dabei ist selbstverständlich auf eine entsprechende Wärmedämmung gegenüber dem Feuerraum zu achten.

Dabei ist zu berücksichtigen, daß die Holzlege wenigstens so groß ist, den Holzbedarf für einen Kaminabend aufzunehmen. Auch sollte sie tief genug sein und die Scheite nicht überstehen lassen.

Sieht die Gestaltung der Kaminwand seitlich des offenen Kamins massive Sitzbänke vor, kann das Holz auch unter der Sitzbank verstaut werden.

Anstelle eingebauter Holzlegen gibt es aber auch Holztragen, Holzwiegen oder Holzkörbe, mit denen man das Holz herbeiholen und griffbereit in Kaminnähe aufstellen kann.

Einer anderen Verwendung aber dient der Feuerkorb. Er steht auf dem Feuerraumboden und in ihm liegen die brennenden Holzscheite. Durch die vorne aufgebogenen Stäbe sorgt der Feuerkorb für mehr Sicherheit und gute Zuluft von unten.

Kaminholz

Als Brennmaterial für den offenen Kamin wird in unseren Gegenden meist nur luftgetrocknetes Holz verwendet. Je nach Holzart sind Flammenbild, Verbrennungsgeräusch und -geruch unterschiedlich. Am meisten gefragt ist luftgetrocknetes Hartholz wie Buche, Eiche, Erle oder alle Arten von Obstbaumholz; aber auch Ahorn, Akazie, Edelkastanie und Ulme eignen sich gut.

Hartholz brennt mit ruhiger Flamme, gibt wenig Asche und glüht lange nach.

Weichhölzer wie Birke, Linde, Kiefer, Roßkastanie, Pappel und Tanne verbrennen dagegen unter gleichen Bedingungen schneller als Hartholz. Sie geben viel Asche und die Glut erkaltet schneller. Harzhaltige Nadelhölzer brennen mit lebhafter Flamme, knistern und spritzen häufig. Bei diesen Holzarten ist auf Funkenflug zu achten. Besondere Vorkehrungen, wie die Anbringung eines Funkenschutzes, sind hier unerläßlich.

Die Beschaffung des Kaminholzes ist einfach. Man kann es auf die passende Länge von ca. 30–50 cm zugeschnitten, beim Brennstoffhandel beziehen. Am besten lagert man dieses Holz an einem regengeschützten Platz im Freien, damit es nicht zu stark austrocknet. Denn ausgetrocknetes Holz verbrennt zu schnell.

Von Kennern bevorzugt wird Treibholz, das mit einer klaren blauen Flamme brennt und gut duftet. Leider ist es nur selten zu haben. Doch auch andere Hölzer wie beispielsweise Apfelbaumholz und Nadelholz strömen beim Verbrennen angenehme Düfte aus.

Will man dem offenem Kaminfeuer aber alle Reize abgewinnen, kann man daraus sogar ein farbiges Flammenspiel machen; denn je nach verwendeter Holzart wechselt die Flammenfarbe. Zusätzlich gibt es noch chemische Mittel, mit denen sich verschiedene Flammenfarben zaubern lassen. Es handelt sich hier um Salze, die man in kleinen Mengen über das brennende Holz streut. Natürlich kann man Holzstücke auch mit einer solchen Salzlösung präparieren.

Außer Holz werden auf dem Brennstoffmarkt noch andere Brennstoffe für das Kaminfeuer angeboten. Beispielsweise gibt es künstliche Holzscheite, deren Brenndauer bei ca. 2–3 Stunden liegt. Funkenflug ist bei diesem Produkt nicht möglich und es fällt auch wenig Asche an. Außerdem ist dieser Brennstoff unbegrenzt lagerfähig und läßt sich leicht anzünden.

Immer häufiger werden auch Torf- und Braunkohlenbriketts als Brennmaterial für den offenen Kamin verwendet. Selbst eine spezielle Kaminkohle wurde für den offenen Kaminbrand entwickelt. Torf oder Kohle darf jedoch nur auf Feuerrosten verfeuert werden.

Da viele es verlernt haben, ein offenes Feuer zu entzünden, soll hier noch einmal erwähnt werden wie es gemacht wird.

Um das Feuer gut entfachen zu können, nimmt man am besten etwa bleistiftdickes Anfeuerholz, das pyramidenförmig über einer Handvoll Holzwolle oder zusammengeknülltem Papier aufgestellt wird. Darüber legt man dünne Holzscheite und entzündet das Feuer. Dafür sind Kaminanzünder eine brauchbare Hilfe, z. B. wenn das Anfeuerholz knapp ist oder nicht ganz trocken. Wichtig ist auch, daß unter den brennenden Scheiten Luft durchkommt, damit das Feuer nicht ersticken kann.

Auch darf nicht vergessen werden, vor dem Anzünden die Rauchklappe zu öffnen. Brennt das Feuer dann, kann man es nur dadurch regulieren, daß man mehr oder weniger Holzstücke nachlegt. Während des Betriebs soll das Feuer ständig beaufsichtigt werden oder durch geeignete Vorrichtungen abgesichert sein. Soll das Feuer vor dem Zubettgehen schnell erlöschen, zieht man die Holzstücke auseinander. Diese schwelen dann nur noch und werden bald ganz erlöschen. Nachdem das Feuer erloschen ist, sollte die Rauchklappe noch eine Weile aufbleiben, denn es werden zu diesem Zeitpunkt immer noch Gase gebildet, die durch den Schornstein abziehen müssen.

Abhilfe bei Fehlern

Auch beim Bau eines offenen Kamins können Fehler gemacht werden, besonders bei selbstgebauten. Da hilft nichts anderes, als der Störung auf den Grund zu gehen. Denn bevor sich etwas ändern läßt, muß erst einmal mit aller Sorgfalt die Ursache festgestellt werden.

Als erstes wird man die Dimensionierung der einzelnen Konstruktionsteile des offenen Kamins überprüfen. Hier stößt man dann vielleicht auf Mängel, die sich relativ leicht korrigieren lassen. Ist beispielsweise die Feuerraumöffnung im Verhältnis zum Schornstein zu groß geraten, läßt sich diese durch eine entsprechende Verblendung verkleinern.

In manchen Fällen ist die Feuerraumöffnung auch nur zu hoch. Hier kann der obere Teil der Feuerraumöffnung mit dem Material der Kaminverkleidung oder mit Metall geschmackvoll verblendet werden, damit die nachträgliche Änderung nicht gleich auffällt.

Eine weitere Ursache für Rauchbelästigungen kann der Rauchsammler sein, wenn er zu flach oder zu nieder ausgefallen ist. Hier gibt es die Möglichkeit, unterhalb des Rauchsammlers eine Schürze aus Stahl- oder Kupferblech anzubringen, die den Rauch besser auffängt. Ist dies aus konstruktiven Gründen nicht mehr möglich, kann man einen Spezial-Ventilator auf oder in den Schornstein einbauen, der den Rauchabzug begünstigt.

Ist aber der Feuerraum selbst nicht tief genug, wird es darauf hinauslaufen, die gesamte Konstruktion des offenen Kamins zu ändern. Denn ein Vormauern des Feuerraums wird zwangsläufig eine Neugestaltung der Kaminverkleidung zur Folge haben.

Bei mehrseitig offenen Kaminen, die besonders anfällig sind, können zu starke Luftströmungen im Raum die Ursache der Störungen sein. Will man aber trotzdem nicht auf den freien Einblick in das offene Kaminfeuer verzichten, kann man die Feuerraumöffnungen durch hitzebeständige Glasscheiben vor falschem Zug schützen: Die optische Wirkung des Feuers bleibt erhalten, die Störung tritt nicht mehr auf.

Manchmal ist eine Störung des offenen Kamins einfach auf eine zu geringe Luftzufuhr zurückzuführen. Die richtige Maßnahme – bei dichter Bauweise künftig sogar Vorschrift – ist eine direkte Verbrennungsluftzufuhr aus dem Freien. Als Notbehelf gelten Lösungen, bei denen Luftschlitze an Türen angebracht werden, damit Luft aus Nebenräumen zuströmen kann. Die besagte Tür sollte dann aber unbedingt in unmittelbarer Nähe des offenen Kamins liegen, um Zugbelästigungen im Raum zu verhindern.

In seltenen Fällen können Störungen sogar durch Abluftventilatoren (zur Lüftung von Naßräumen) hervorgerufen werden. Hier ist bei der Installation dieses Geräts der Fehler gemacht worden, daß die benötigte Zuluft anstatt aus dem Freien irgendwo aus der Wohnung abgesaugt wird. Dadurch entsteht aber ein Unterdruck, der bis in den Aufstellraum des offenen Kamins wirkt und den Schornsteinzug stört. Hier muß entweder die Anlage zur Belüftung der Naßräume geändert werden, oder man sorgt im Kaminraum durch eine zusätzliche Verbrennungsluftzufuhr dafür, daß kein Unterdruck im Raum entstehen kann.

Entdeckt man nachträglich, daß etwas gegen den Funkenflug getan werden müßte, gibt es auch hier noch verschiedene Möglichkeiten, schnelle Abhilfe zu schaffen: durch Metallvorhänge, Jalousien, Funkenschutzgitter oder durch hitzebeständige Glasscheiben. Je nach Konstruktion und Gestaltung können diese seitlich oder unter dem Sturz angebracht oder auf die Außen-

verkleidung montiert werden. Auch gibt es freistehende Funkenschutzvorrichtungen, die man nur bei Bedarf aufstellt.

In der offenen Kaminbautechnik hat sich in den letzten Jahren einiges getan. Wenn man früher auf eine vom Kaminbauer ausgetüftelte Innen- und Außenkonstruktion des offenen Kamins angewiesen war, die in konventioneller Bauweise – Stein auf Stein – gebaut wurde, so hat man es heute viel leichter; denn es gibt ausgereifte vorgefertigte Teile für offene Kamine. Das erleichtert dem Kaminbauer und dem Architekten die Arbeit, denn vorgefertigte Kaminteile sind bei richtigem Einbau eine sichere Sache. Störungen brauchen dann nicht befürchtet werden.

Inzwischen gibt es ein gut sortiertes Marktangebot: verschiedene Typen, verschiedene Größen und offene Kamine in unterschiedlichen Materialien werden angeboten. Die Konstruktionen unterscheiden sich in einzelnen Partien voneinander. Sie sind aus massivem oder leichten Material gebaut und bestehen entweder aus wenigen größeren Teilen oder aus mehreren Einzelteilen, die im Baukastenprinzip an Ort und Stelle zusammengesetzt werden. Werkstoffe für die Innenkonstruktion können Schamotte, Klinker, Feuerbeton oder Grauguß sein; Rauchsammler und Verbindungsstücke können auch aus Stahlblech bestehen. Kombinationen sind möglich. Genaue Aufbauanleitungen werden vom Hersteller mitgeliefert, so daß unter günstigen Voraussetzungen auch Selbsteinbau möglich ist.

Wird von Bauherr und Architekt ein individuell gestalteter offener Kamin nach eigenem Entwurf vorgesehen, kann man für die Innenkonstruktion einen vorgefertigten Kamineinsatz, bestehend aus Feuerraum mit Rauchsammler, und Verbindungsstücke wählen. So besteht die Gewähr, daß der offene Kamin funktioniert. Die äußere

Gestaltung nach dem persönlichen Geschmack beeinträchtigt seine Funktion nicht.

Aber es gibt auch Komplettkamine, die aus Kamineinsatz und vollständiger Verkleidung aus vorgefertigten Bauteilen bestehen. Man kann die gewünschte Ausführung nach Katalog aussuchen. Der gewählte offene Kamin wird dann am Bau zusammengesetzt und angeschlossen. Varianten der einzelnen Modelle stehen zur

Auswahl: wie Frontkamin, Eckkamin oder Raumteilerkamin. Die vorgefertigte offene Kaminverkleidung besteht aus feuerbeständigen Materialien. Meist können zu diesen Komplettkaminen auch Anbauteile mitgeliefert werden wie z. B. eine im gleichen Material ausgeführte Sitzbank.

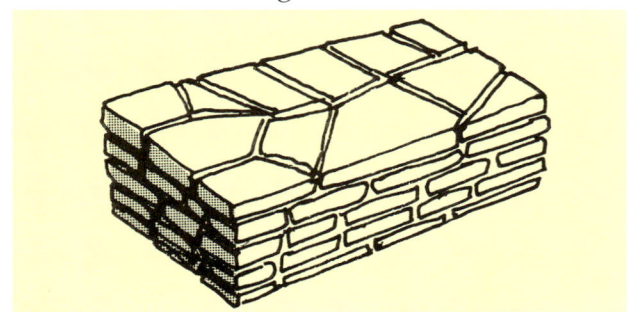

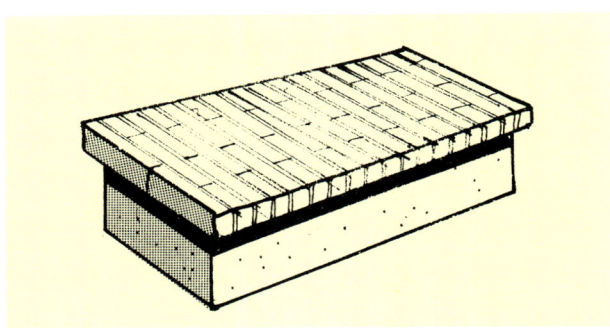

Im Gegensatz zu den massiven offenen Kaminen gibt es auch leichte Fertigkamine aus Stahlblech, die zwar wie ein Ofen, jedoch an einen eigenen Schornstein angeschlossen werden. Man stellt sie vor der Wand oder an einem anderen geeigneten Platz freistehend auf. Eine solche Kaminkonstruktion läßt sich auch bei schwierigen räumlichen Gegebenheiten unterbringen, denn sie hat ein geringes Gewicht und läßt sich leicht montieren.

Selbsteinbau

Da es heute vorgefertigte Kamineinsätze gibt und der offene Kamin nicht mehr Stein auf Stein gemauert werden muß, ist es unter Umständen sogar möglich, diesen selbst einzubauen.

Allerdings sollte man sich vor der Beschaffung und vor dem Einbau des Kaminbausatzes gründlich über die Problematik des »Kaminbaus« informieren. Denn nicht jeder äußerlich gut gelungene offene Kamin funktioniert auch einwandfrei und längst nicht jede beliebige Aufstellung und Verkleidung ist zulässig. Im Gegenteil, es bestehen hier strenge Baubestimmungen, die bislang noch regional unterschiedlich sind und die man unbedingt beachten muß, will man den offenen Kamin auch in Gebrauch nehmen. Am besten ist es, sich schon vor der Planung bei einem Fachmann für den Bau offener Kamine oder beim Bezirks-

schornsteinfegermeister Rat zu holen, der später die offene Kaminanlage überprüft und die Benutzungsbescheinigung ausstellt.

Wichtigste Voraussetzung für den Anschluß eines offenen Kamins ist das Vorhandensein eines eigenen Schornsteins. Des weiteren müssen die auf den Schornsteinquerschnitt und auf die Raumgröße abgestimmten Kaminmaße festgelegt werden. Hierfür gibt es Tabellen, in denen man die annähernd passenden Werte ablesen kann. Der Einfachheit halber wird der Selbstbauer aber schon bei der Beschaffung des Kaminbausatzes darauf achten, daß dieser nur aus wenigen Teilen besteht, die von einem handwerklich Geübten ohne Schwierigkeiten zusammengebaut werden können. Wenn dabei die Bauanleitung der Herstellerfirma befolgt wird, die Anschlüsse rauchdicht ausgeführt und die einschlägigen bauaufsichtlichen Bestimmungen sorgfältig beachtet wurden, sollte nichts schiefgehen.

Aber oftmals ist es doch so, daß sich ein Kamininteressent durch den angepriesenen einfachen Aufbau eines Kaminbausatzes voreilig dazu verleiten läßt, seinen offenen Kamin selbst zu bauen, ohne daran zu denken, was sonst noch alles damit zusammenhängt. Denn schwierig kann es bei der äußeren Verkleidung werden, die aus nichtbrennbaren Materialien hergestellt sein muß. Hier ist auf vieles zu achten: auf die bauaufsichtlichen Vorschriften und Richtlinien bezüglich Material und Isolierung, auf Standfestigkeit und richtiges Abfangen des Gewichts der meist massiven äußeren Kaminverkleidung. Ein weiterer Punkt ist die Gestaltung, denn der offene Kamin sollte ja auch zu seiner Umgebung passen und ein Schmuckstück für die Wohnung sein.

Um sich Enttäuschungen und Schaden zu ersparen, ist beim Auftauchen konstruk-

56

tiver und technischer Fragen zu empfehlen, einen Fachmann zu Rate zu ziehen. Unerläßlich aber ist die Rücksprache mit dem Bezirksschornsteinfegermeister nach dessen Prüfung der offene Kamin zur Benutzung freigegeben wird.

Der offene Kamin, das Baurecht und der Brandschutz

(Stand Januar 1979)

Die technische Entwicklung auf dem Gebiet der Feuerungsanlagen ist seit Jahren im Fluß, das heißt, neuartige Feuerungsanlagen werden entwickelt und bestehende ständig verbessert. In einem Gesetz, wie es eine Landesbauordnung darstellt, können genaue Einzelvorschriften und Maßangaben nicht auf Jahrzehnte festgelegt werden. Das Gesetz umfaßt daher nur die grundsätzlichen Anforderungen.

Nach jahrelanger Vorarbeit wurden die neuen „Richtlinien für den Bau von offenen Kaminen" vom Institut für Bautechnik in Berlin fertiggestellt, in den einschlägigen Fachzeitschriften im November 78 – zunächst als Regel der Technik – veröffentlicht und darüber hinaus den Ländern zur Einführung empfohlen. Es ist zweifellos an der Zeit, daß alle baurechtlichen und sicherheitstechnischen Anforderungen an offene Kamine einheitlich festgelegt werden und daß mit diesen „Richtlinien für den Bau von offenen Kaminen" die Bestimmungen der jeweiligen Landesbauordnungen ergänzt werden.

Für alle Beteiligten ist wichtig: die nach diesen Richtlinien erstellten offenen Kamine erfüllen die Sicherheitsanforderungen der Bauordnung.

Genehmigungs- und Abnahmepflicht

Offene Kamine sind Feuerstätten besonderer Art. In Baden-Württemberg, Bremen, Hamburg, Niedersachsen und Schleswig-Holstein bedarf die Errichtung eines offenen Kamins der Baugenehmigung, in Berlin, Hessen und Nordrhein-Westfalen genügt eine Bauanzeige, in den übrigen Ländern ist die Errichtung eines offenen Kamins weder anzeige- noch genehmigungspflichtig (Stand Dezember 1978).

Als Bauvorlagen sind mit dem Antrag auf Baugenehmigung zu einem offenen Kamin vorzulegen: eine zeichnerische Darstellung des Aufbaus des offenen Kamins einschließlich des Anschlusses an den Schornstein und eine Beschreibung des offenen Kamins und der angrenzenden Bauteile.

Bei Einbau von offenen Kaminen in bestehende Gebäude (Altbauten) ist der unteren Baubehörde in der Regel ein Grundriß und ein Schnitt durch das Gebäude vorzulegen, aus dem die Lage des Schornsteins und des offenen Kamins ersichtlich ist.

In aller Regel wird von der unteren Baubehörde der zuständige Bezirksschornsteinfegermeister von dem beabsichtigten oder erfolgten Einbau des offenen Kamins unterrichtet, der dann zu prüfen hat, ob beim Bau des offenen Kamins alle baurechtlichen und sicherheitstechnischen Anforderungen erfüllt worden sind und danach

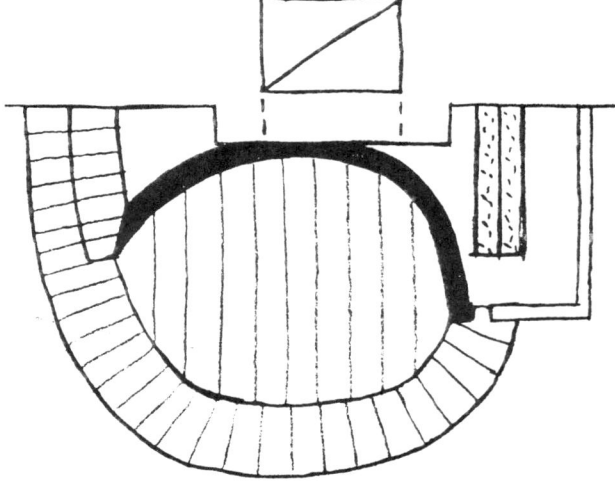

58

der unteren Baubehörde gegenüber bescheinigt, daß gegen eine Benutzung des offenen Kamins nichts einzuwenden ist.

Es ist aber ratsam, allen Beteiligten (Architekten, Bauherren und Kaminbauern) zu empfehlen, den zuständigen Bezirksschornsteinfegermeister vor dem Einbau des offenen Kamins von dem Vorhaben in Kenntnis zu setzen; dies ist besonders dann wichtig, wenn irgendwelche Unklarheiten bezüglich der Benutzbarkeit eines vorhandenen Schornsteins und dergleichen bestehen.

Decken unter offenen Kaminen

Tragende Bauteile und Bauteile aus brennbaren Baustoffen sind im Bereich der offenen Kamine gegen Erwärmung durch das Kaminfeuer so zu schützen, daß die Brand- und Standsicherheit der Decken nicht gefährdet wird.

Zum Schutz dieser Decken ist im Bereich des offenen Kamins eine mindestens 6 cm dicke Betonplatte (die über Decken ohne ausreichende Querverteilung bewehrt sein muß) und darüber eine formbeständige mindestens 6 cm dicke Mineralwollplatte* anzubringen. Besteht der Feuerraumboden aus Gußeisen, so muß diese Mineralwollplatte* mindestens 10 cm dick sein.

Wärmedämmung hinter dem offenen Kamin

Wird der offene Kamin an eine Wand aus brennbaren Baustoffen oder an eine tragende Wand aus Stahlbeton angebaut, muß diese Wand gegen Erwärmung durch das Kaminfeuer geschützt werden; dies gilt entsprechend für andere Wände, die auf der, dem offenen Kamin abgewandten Seite mit brennbaren Baustoffen verkleidet sind oder verkleidet werden sollen.

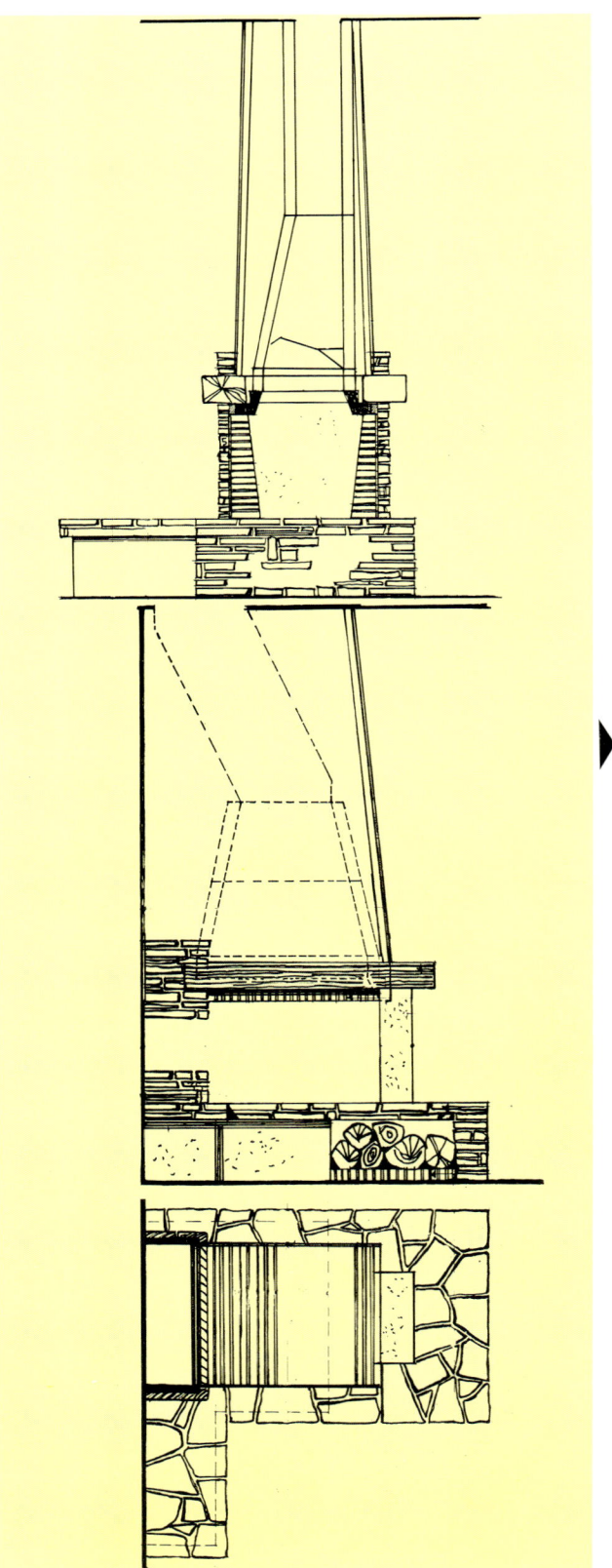

36

Zu diesem Schutz ist vor solchen Wandteilen eine mindestens 10 cm dicke Wand aus mineralischen Baustoffen und davor eine mindestens 6 cm dicke formbeständige Mineralwollplatte* anzubringen; dieser Schutz muß jedoch oben mindestens 20 cm über das Verbindungsstück reichen. Bestehen die Feuerraumwände des offenen Kamins aus Gußeisen, muß diese Mineralwollplatte* mindestens 10 cm dick sein.

Verbindungsstück

Das Verbindungsstück ist als Rauchrohr oder Rauchkanal herzustellen. Rauchrohre sind aus mindestens 2 mm dickem Stahlblech oder aus mineralischen Baustoffen mindestens 3 cm dick herzustellen.

Rauchrohre innerhalb der Verkleidung des offenen Kamins müssen mit mindestens 3 cm dicken Dämmatten* aus nichtbrennbaren Baustoffen ummantelt werden.

Längere Verbindungsstücke sind als Rauchkanäle (wie Schornsteine) auszuführen.

Verbrennungsluftzufuhr

Es muß sichergestellt werden, daß dem offenen Kamin genügend Luft zugeführt wird. Da der Betrieb eines offenen Kamins stündlich eine Luftmenge von mindestens 500 m³ erfordert, sind gegebenenfalls geeignete bauliche Maßnahmen, zum Beispiel der Einbau einer entsprechend großen Verbrennungsluftleitung, erforderlich.

Auf eine solche, ausreichend dimensionierte Verbrennungsluftleitung, kann in der Regel nicht verzichtet werden, wenn in der Wohnung außer dem offenen Kamin noch andere Feuerstätten vorhanden sind und, wenn ein Teil der Wohnung an eine Lüftungsanlage (mit Ventilator) angeschlossen ist.

Die Verbrennungsluft (wenn irgendmöglich aus dem Freien zugeführt) soll in unmittelbarer Nähe der Feuerraumöffnung des offenen Kamins austreten, soll jedoch nicht von unten, etwa durch einen Tafelrost im Feuerraumboden, eintreten, weil sonst leicht derselbe Effekt entstehen könnte, wie bei einem Schmiedefeuer.

Fußboden vor dem offenen Kamin

Die nichtbrennbare Vorlage vor der Feuerraumöffnung muß eine Tiefe haben, die sich aus dem Maß der Höhe des Feuerraumbodens über dem Fußboden zuzüglich 30 cm ergibt, jedoch mindestens 50 cm.

Nach den Seiten ist ein Maß, das sich aus der Höhe des Feuerraumbodens über dem Fußboden zuzüglich 20 cm ergibt, jedoch mindestens 30 cm, erforderlich.

Strahlungsbereich

Von der Innenkante der Feuerraumöffnung (siehe Zeichnungen und Ziffer 7 auf den Seiten 64 u. 65) müssen nach vorne, nach oben und nach den Seiten mindestens

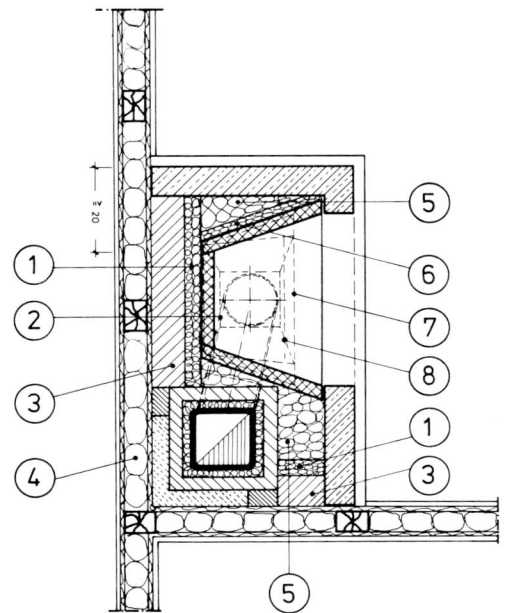

37

Offener Kamin angebaut an Decke oder Außenwand aus Bauteilen mit brennbaren Baustoffen

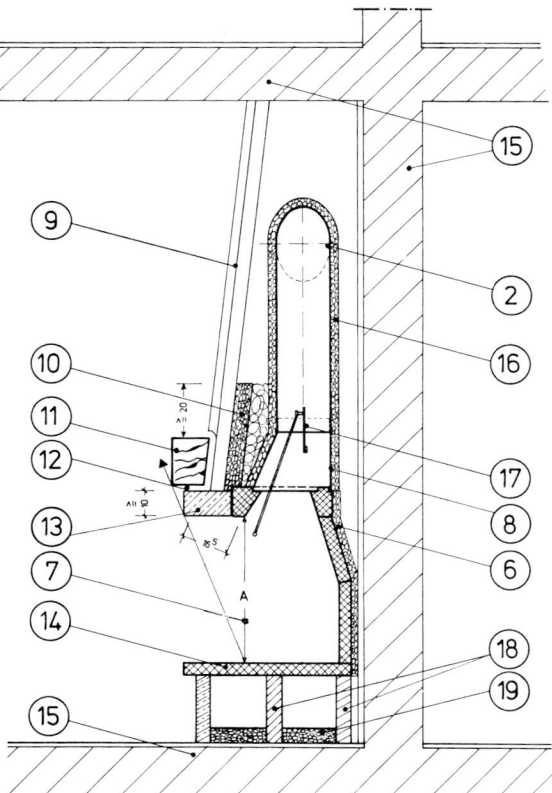

Offener Kamin angebaut an Decke oder Anbauwand aus nichtbrennbaren Baustoffen

1 Formbeständige Mineralwollplatte* mind. 6 cm dick, falls die Feuerraumwand aus Gußeisen besteht, mind. 10 cm dick

2 Verbindungsstücke als Rauchrohre aus Stahlblech mind. 2 mm dick oder aus zum Schornsteinbau zugelassenen Rohren und Formstücken mind. 3 cm dick

3 Auszuführen als mind. 10 cm dicke Wand aus mineralischen Baustoffen, mind. 20 cm über das Verbindungsstück hinaus

4 Decke oder Anbauwand aus Bauteilen mit brennbaren Baustoffen (oder tragende Wand aus Stahlbeton)

5 Ausfüllung mit formbeständigen, nichtbrennbaren und wärmedämmenden Baustoffen*

6 Zwischen Feuerraumrück- und -seitenwänden und Anbauwand aus nichtbrennbaren Baustoffen formbeständige Mineralwollplatte* mind. 3 cm dick, falls Feuerraumwände aus Gußeisen mind. 6 cm dick

7 Feuerraumöffnung = senkrechte Fläche zwischen Vorderkante des Rauchsammlers, dem Feuerraumboden und den Feuerraumseitenwänden

8 Rauchsammler

9 Schürze (Verkleidung des Rauchsammlers und des Verbindungsstückes) aus nichtbrennbaren Baustoffen

10 Ausfüllung mit formbeständigen, nichtbrennbaren und wärmedämmenden Baustoffen* mind. 20 cm höher als Oberkante Simsbalken (nur in Baden Württemberg gefordert)

11 Simsbalken aus Hartholz, muß außerhalb des Strahlungsbereiches liegen

12 Belüfteter Abstand von 1 cm oder unterhalb des Simsbalkens formbeständige Dämmplatte mind. 2 cm dick

13 Sturz, mind. 10 cm hoch, aus Beton oder gebrannten oder natürlichen Steinen

14 Feuerraumbodenplatte als bewehrte Platte mind. 5 cm dick, als unbewehrte Platte mind. 10 cm dick oder aus Gußeisen

15 Decke oder Anbauwand aus nichtbrennbaren Baustoffen

16 Ummantelung des Verbindungsstückes mit mind. 3 cm dicken, formbeständigen, nichtbrennbaren und wärmedämmenden Baustoffen*

17 Absperrvorrichtung (Rauchklappe)

18 Kleinflächige Wärmebrücken, deren Gesamtfläche kleiner sein muß, als 1/4 der Fläche des Feuerraumbodens

19 Formbeständige Mineralwollplatte* mind. 6 cm dick, falls Feuerraumboden aus Gußeisen, mind. 10 cm dick

20 Betonplatte mind. 6 cm dick

21 Ausfüllung mit formbeständiger Mineralwollplatte* mind. 6 cm dick

22 Platte aus mineralischen Baustoffen (z. B. Gasbeton-Platte) 10 cm dick

*Es dürfen nur formbeständige, nichtbrennbare und wärmedämmende Baustoffe der Baustoffklasse A 1 entsprechend den „Ergänzenden Bestimmungen zu DIN 4102" verwendet werden.

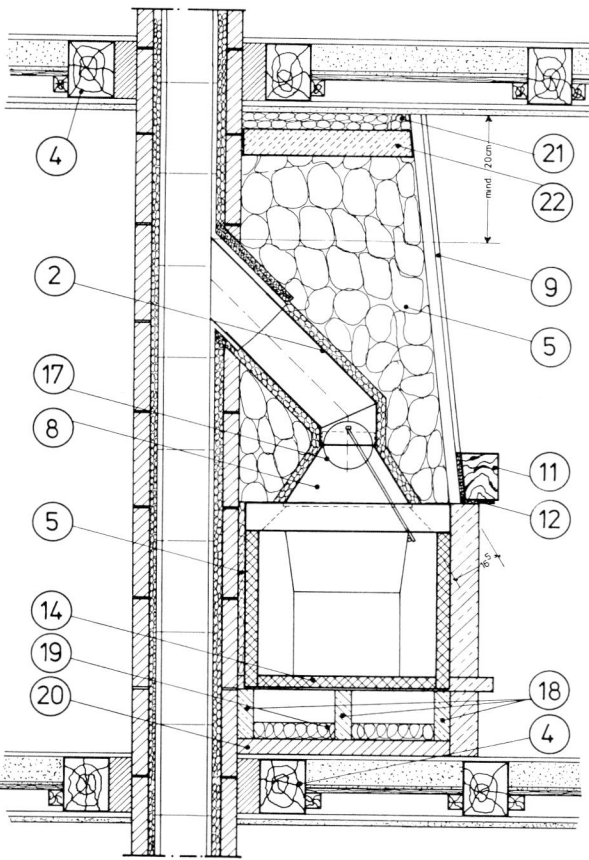

Offener Kamin angebaut an Decke oder Anbauwand aus Bauteilen mit brennbaren Baustoffen

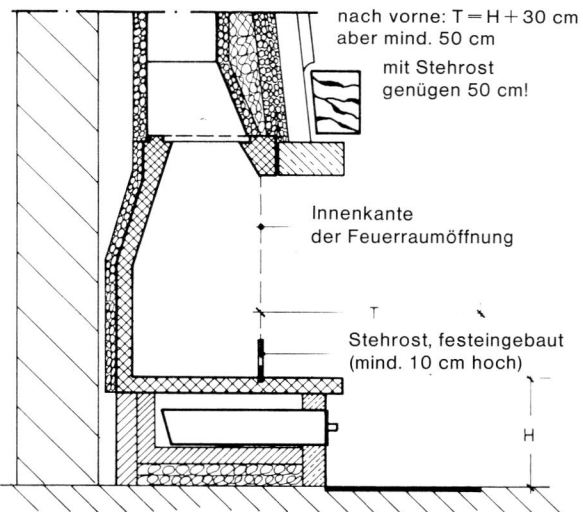

nach vorne: T = H + 30 cm
aber mind. 50 cm

mit Stehrost
genügen 50 cm!

Innenkante
der Feuerraumöffnung

Stehrost, festeingebaut
(mind. 10 cm hoch)

Boden und Wände des Ascheraumes müssen aus mindestens 5 cm dicken mineralischen Baustoffen bestehen

nach vorne: T = H + 30 cm aber mind. 50 cm
nach den Seiten: B = H + 20 cm aber mind. 30 cm
mit Stehrost genügen 30 cm!

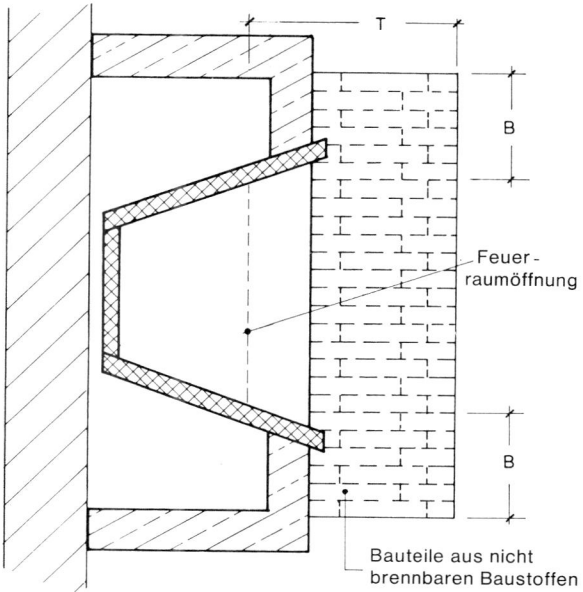

Feuer-
raumöffnung

Bauteile aus nicht
brennbaren Baustoffen

Schutz brennbarer Fußböden vor der Feuerraum-öffnung von offenen Kaminen

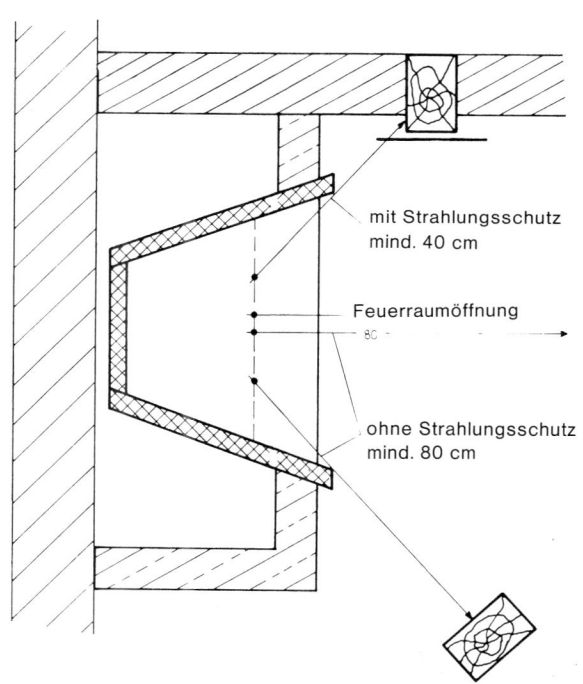

mit Strahlungsschutz
mind. 40 cm

Feuerraumöffnung

ohne Strahlungsschutz
mind. 80 cm

Abstände zwischen Feuerraumöffnung und Bau-teilen aus brennbaren Baustoffen

65

80 cm Abstand zu Bauteilen aus brennbaren Baustoffen oder brennbaren Bestandteilen sowie zu Einbaumöbeln eingehalten werden.

Dies gilt selbstverständlich auch für einen Simsbalken, der – wenn überhaupt – nur unter bestimmten Voraussetzungen, aber nur außerhalb des Strahlungsbereiches eingebaut werden darf.

Nach den Bestimmungen der Bauordnungen müssen Feuerstätten nämlich in allen Teilen aus nichtbrennbaren, formbeständigen Baustoffen hergestellt werden. Nach den neuen »Richtlinien für den Bau von offenen Kaminen« soll der Einbau eines Simsbalkens (Zierbalkens) im Abstand von 1 cm vor der Verkleidung zulässig sein, wenn der Simsbalken nicht Bestandteil des Gebäudes ist und der Zwischenraum der Luftströmung so offen steht, daß ein Wärmestau nicht entstehen kann.

In Baden Württemberg gibt es eine Sonderregelung, wonach der Abstand zwischen Innenkante Rauchsammler und Simsbalken mindestens 16,5 cm betragen muß; dies entspricht der Wangendicke und der Verwahrung eines gemauerten Schornsteins gegenüber brennbaren Bauteilen. Als weitere Alternative wird in Baden-Württemberg der Einbau des Simsbalkens unter der gleichen Voraussetzung gestattet, wenn zwischen dem Sturz unterhalb des Simsbalkens bzw. der Verkleidung hinter dem Simsbalken (Schürze) und dem Simsbalken selbst eine mindestens 2 cm dicke, formbeständige Dämmplatte eingelegt wird.

Aber bitte achten Sie darauf, daß diese Regelungen nicht überall einheitlich sind und daß im Grunde genommen eben ein Antrag auf Befreiung von der Einhaltung der Vorschriften der Bauordnung gestellt werden muß, wenn ein solcher Simsbalken verwendet werden soll.

Der Zwischenraum zwischen Rauchsammler und Schürze bzw. Simsbalken ist bis 20 cm über dem Simsbalken mit einem formbeständigen Wärmedämmstoff* auszufüllen.

Die Schürze (Verkleidung des Rauchsammlers und Verbindungsstückes) muß aus nichtbrennbaren Baustoffen hergestellt werden; geeignet sind unter anderem alle mineralischen Baustoffe, aber auch Draht, Rabitz, Putz, Stahl- oder Kupferblech oder dergleichen.

---

*Es dürfen nur formbeständige, nichtbrennbare und wärmedämmende Baustoffe der Baustoffklasse A 1 entsprechend den „Ergänzenden Bestimmungen zu DIN 4102" verwendet werden.

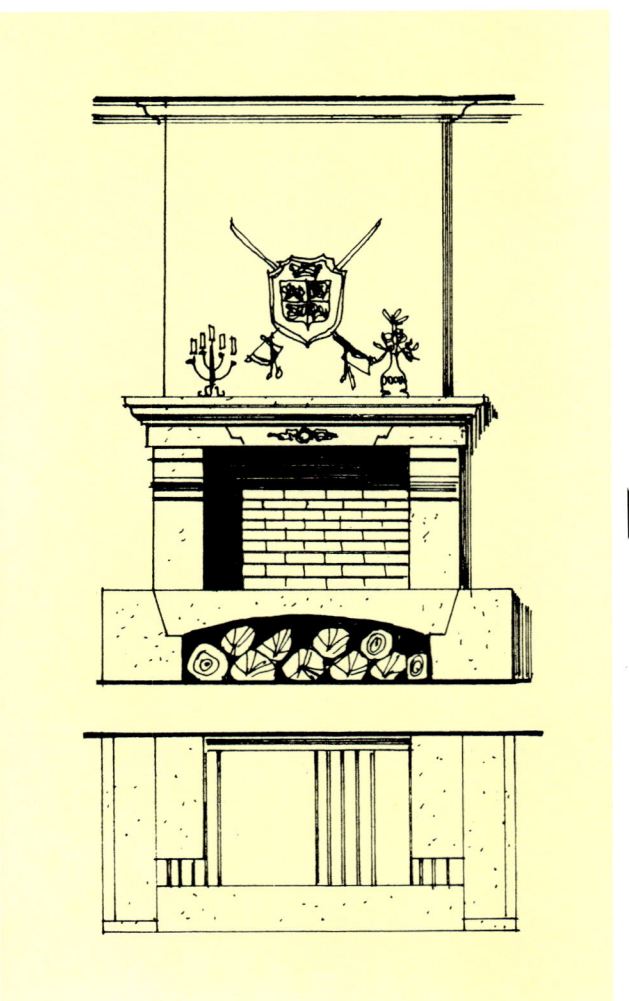

66

Giallo Siena

Bianco Carrara

Fantastico Verde

Rosso Portogallo

Rosso Alicante

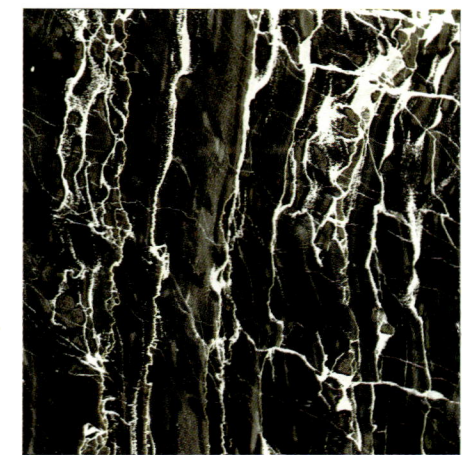

Portoro M. F.

Rosso Francia

Verde Issorie

Die Palette der für den Bau offener Kamine geeigneter Materialien ist reich und vielseitig.
Einige der schönsten Marmorarten sind hier wiedergegeben. Aber damit ist die Auswahl keineswegs erschöpft. Die ganze Vielfalt läßt sich nur an Original-Steinmustern zeigen.

47

48

49

51

54

55

72

73

74

83

84

ICH LIG HIE ALS AÜ FUDE SOL
HINDER DEM OFEN IST MO WOL

Entstehung und Entwicklung des Kachelofens

Mit der Besiedelung der nördlich gemäßigten Klimazone durch die Menschen und den Anfängen der Zivilisation trat das Problem der Erwärmung für bewohnte Räume auf. Dabei galt es nicht nur ein Feuer anzufachen, sondern von viel größerer Wichtigkeit war es, das Feuer über einen längeren Zeitraum zu erhalten. Schon frühzeitig erkannten unsere Vorfahren die Fähigkeit gewisser Materialien, Wärme zu speichern. Der Backofen einfachster Form wurde schon vor mehr als 2000 Jahren im mitteleuropäischen Raum in Wohnhütten eingebaut. Er diente nicht nur als Backofen sondern auch als Wärmequelle um den Winter besser überstehen zu können.

Einige alte Kulturvölker entwickelten modern anmutende Heizsysteme, wobei sie sich der Feuerbeständigkeit und der Wärmespeicherfähigkeit des keramischen Materials bedienten. Der römische Baumeister C. Sergius Orato soll der Erfinder der Fußbodenheizung sein, die vor allem in den Garnisonen der Legionäre in Germanien und Gallien zur Anwendung kam. Von einem backofenartigen Feuerraum (fornax) aus wurden die Abgase des Holzfeuers durch Hohlformsteine aus gebranntem Lehm oder Ton unter dem Fußboden entlang geleitet und durch ebensolche stehende Rohre nach oben abgeführt. In den Kaiserthermen in Trier und im Castell Eining a. d. Donau sind noch heute solche Hypokausten-Heizungen (gr.: hypo = unter, kaustik = Wärme, Hitze) zu besichtigen.

Durch den Missionar Gramont erfuhr das damalige Europa, daß auch in China ähnliche Heizungen seit vielen Jahrhunderten bestanden. Diese wurden entweder als Fußbodenheizung (Ti-kang) oder als Wandheizung (Tang-kang) erstellt.

Für die technischen Öfen im alten Rom, also bei Brennöfen der Töpfereien, Emaillieröfen, Metallschmelzöfen und Backöfen wurden keramische Hohlzylinder verwendet, die an einem Ende eine Zuspitzung hatten. Mittels einer geringen Mörtelbeigabe wurden diese Zylinder aufeinandergesetzt und damit Gewölbebögen gemauert. Durch die wärmeisolierende Wirkung der in den Zylindern eingeschlossenen Luft wurde in diesen technischen Öfen ein hoher Nutzeffekt erzielt. Solche verwendeten Formsteine wurden caccabus genannt.

Die Germanen führten nach dem Abzug der Römer mehrere Handwerksarten und Techniken fort. So lockerten sie z. B. die aus Steinen gemauerten Backöfen dadurch auf, daß sie caccabusähnliche Hohlzylinder waagrecht in die Lehmschichten einlegten.

Dadurch wurde die Oberfläche vergrößert und die Wärme gelangte rascher in den Wohnraum. Schon in der frühromanischen Zeit gab man diesen auf der Scheibe gedrehten Teilen die Form tiefer, schlanker Becher. Die Böden dieser Becher ragten in den Feuerraum und erwärmten sich sehr

Zwei durch ein Mörtelband zusammengefügte römische caccabus-Formsteine, die die beginnende Krümmung eines Gewölbebogens erkennen lassen. Die röhrenförmigen keramischen Stücke wirken wärmeisolierend wegen des Lufteinschlusses. Sammlung Mittermayr.

schnell. Solche frühromanische, aus der caccabus entwickelten Kacheln sind nur noch in einigen Heimatmuseen zu finden, z. B. in Landsberg a. Lech und in Wien. Es darf angenommen werden, daß der Name »Kachel« seinen Ursprung in der römischen Bezeichnung caccabus hat.

100

Muster einer frühromanischen Becherkachel, die sehr dünnwandig und bis zu 18 cm tief war. Sammlung Mittermayr.

Gemauerter Ofen aus Südtirol mit tiefen Schüsseln, sogenannten »Näpfen« im Oberbau. Volkskunstmuseum Innsbruck.

Der aus Ziegel-, Feld- oder Lehmsteinen gemauerte Ofen mit kubischem Unterbau, gewölbtem Oberbau und eingesetzten Kachelschüsseln, der im Laufe der Jahrhunderte die Funktion als Backofen verlor und ausschließlich der Erwärmung des Hauptwohnraumes diente, erhielt sich bis in dieses Jahrhundert herein. Noch heute kann der Urlauber in Südtirol solche malerische, weißgetünchte Wärmespender bestaunen, denen die eingesetzten tiefen Schüsseln oder herausstehenden »Augen« ein recht originelles Aussehen verleihen.

Das älteste uns überlieferte Bild eines solchen mit Kachelschüsseln ausgestatteten Ofens ist auf einem Fresko im Kanonikathaus des Domherrnstifts St. Stefan in Konstanz erhalten.

Zeichnung nach dem ältesten dargestellten Ofen auf einem Fresko im Domherrenstift St. Stefan zu Konstanz.

Ich liege hier als eine faule Sau
Hinter dem Ofen ist mir wohl

Der eigentliche Kachelofen, dessen Äußeres ausschließlich aus Kacheln bestand, konnte erst entstehen als die Töpfer an den keramischen Schüsseln in weichem, ungebranntem Zustand vier Ecken ausbildeten. Erst dadurch war es möglich, die so entstandenen gebrannten Kacheln aneinander zu reihen, ohne anderes Material dazwischen zu mauern.

nicht sehr hohen und unkontrollierten Temperaturen floß diese grüne Glasur meist nicht gut aus, sondern bildete oft nur eine glasig-rauhe Oberfläche.

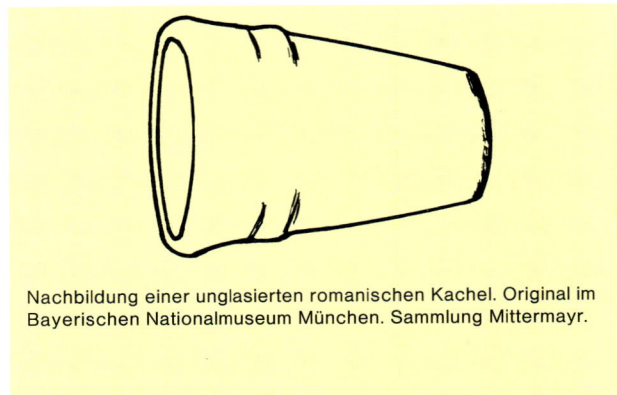

Nachbildung einer unglasierten romanischen Kachel. Original im Bayerischen Nationalmuseum München. Sammlung Mittermayr.

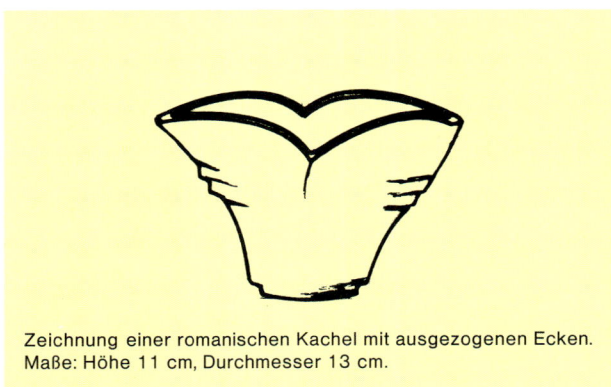

Zeichnung einer romanischen Kachel mit ausgezogenen Ecken. Maße: Höhe 11 cm, Durchmesser 13 cm.

Glasierte Kacheln finden wir erstmals in der spätromanischen Zeit, und zwar zunächst ausschließlich in einem durch Kupferoxyd gewonnenen Grün. Wegen der in den damaligen Brennöfen zu erreichenden

Die weitere Stilentwicklung des Kachelofens in den Jahrhunderten *nach* seiner Entstehung in der Romanik (750–1235), ist einem späteren Abschnitt vorbehalten.

104

Kachelofen Stilkunde

Die Stilrichtung der *Gotik (ca. 1200–1500)* übte ihren Einfluß nicht nur auf Bauwerke, Möbel und Kleidung aus, sie prägte auch die *Kachelgestaltung* und die *Ofenform*. Ja, mit Recht kann behauptet werden, daß erst ab etwa 1250 der eigentliche Siegeszug des Kachelofens durch die Jahrhunderte begann.

Die tiefe Schüsselkachel der romanischen Stilepoche wurde mehr und mehr abgeflacht und erhielt die Form von Tellern, in quadratische Rahmen eingesetzt.

Nischenkachel, glasiert. Herstellung durch Halbierung einer gedrehten, krugähnlichen Form. Sammlung Mittermayr.

Gotische Nischenkachel mit vorgesetztem Spitzbogen und Radmotiven im Wimperg, aus der 1399 abgebrannten Burg Tannberg. Bayerisches Nationalmuseum München.

106

Nischenkachel von einem Ofen in Halberstadt mit Heiligem. Sachsen, 2. Hälfte 15. Jahrhundert.
Germanisches Nationalmuseum Nürnberg.

Eine besondere Art von Kacheln kam auf, die für 2 Jahrhunderte charakteristisch werden sollte: die Nischenkachel. Die Töpfer durchschnitten krugähnliche, auf der Scheibe gedrehte Zylinder der Länge nach und »schlickerten« oben und unten Abschlußstreifen an. Diese Grundform wurde außerordentlich ideenreich variiert: man modellierte Figuren in die Nischen wie Ritter mit Namensband, Heilige, Landsknechte und – besonders beliebt – Wappen. Häufig setzten die Keramiker dem oberen Nischenteil auch Spitzbogen oder Wimperge mit Radmotiven vor, wie z. B. bei einer der ältesten bekannten Kachel aus einem Ofen der 1399 abgebrannten Burg Tannberg am Mittelrhein.

In Böhmen und Ungarn fanden sich sehr schöne Nischenkacheln, denen filigranartiges Maßwerk in Form von Spitzbogengalerien (Triforien) vorgeblendet war, oder bei denen der obere Abschluß selbst wie gotische Kirchentürmchen ausgebildet war, mit Rankenwerk, Schwibbögen, Fialen, Säulen und Kreuzblume. Beliebt waren auch naturalistisch vereinfachte Tierdarstellungen wie Löwen, Greifenpaare, Hirsche, Adler und Fabeltiere.

Die rechteckige Form der Nischenkachel erlaubte auch gestalterische Variationen gegenüber der fast ausschließlichen Quadratform romanischer Schüsselkacheln.

Die Kacheln erfuhren in der Zeit der Gotik – außer dem reichhaltigen und plastischem Dekor – noch vier tiefgreifende Neuerungen. Um die Kacheln miteinander verbinden zu können, wurden auf der Rückseite sogenannte »Rümpfe« angebracht. Das sind gedrehte oder geschnittene Tonstreifen, die vor dem Brand mit dem eigentlichen Kachelblatt verbunden wurden. Durch gebogene Drahtstücke wurden diese Rümpfe zweier Kacheln jeweils zusammengeklammert. Außerdem schufen die Töpfer erstmals *Eckkacheln*, die

die Standfestigkeit der Öfen sehr verbesserte. Darüber hinaus wurden Schnitzer – Zeitgenossen Albrecht Dürers – wie der Nürnberger »Kleinmeister« Hans Sebald Beham – dazu gewonnen, Negativformen, sogenannte »*Model*« zu schnitzen, aus de-

Model aus Eichenholz, Radmuster mit Blattmotiven an den Ecken. Sammlung Mittermayr.

nen man Kacheln rasch und in beliebiger Zahl ausdrücken konnte. Dies erlaubte, außer den Nischen auch noch eine gänzlich andere Art von Kacheln herzustellen.

Aus Modeln ausgedrückte Kacheln zeigten oft Ornamente, die sich bei den Nachbarkacheln fortführten und wiederholten. Diese als »Tapetenmuster« bezeichnete Manier wurde gelegentlich kombiniert mit der aus dem vorderen Orient übernommenen Technik der »Inkrustation«: den geformten Kacheln wurden während der Trocknung Ornamente eingedrückt. Nach dem Trocknen des etwa rotbrennenden Tones wurde in die Vertiefung weißlicher Ton eingestrichen. Die nach dem ersten Brand – Schrühbrand – aufgebrachte Gla-

Gotische, mehrfarbige Kachel »Vertreibung aus dem Paradies« — vor einer Zinnenwehrmauer.

sur bewirkte dann eine Zweifarbigkeit und damit einen lebhafteren Eindruck des Ornaments.

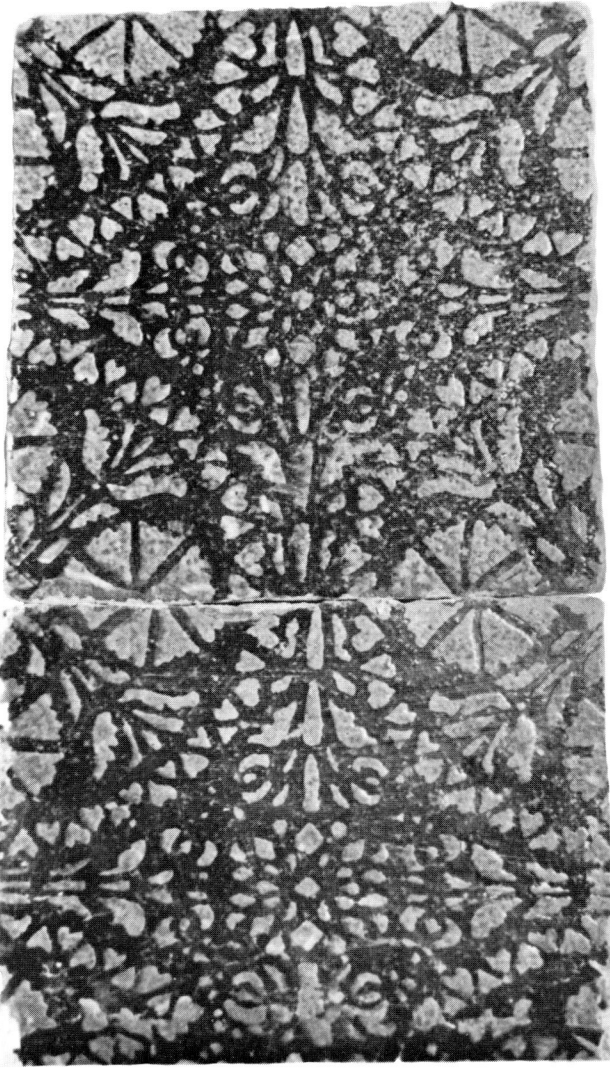

2 Kacheln mit Tapetenmuster. Die Zweifarbigkeit wurde durch »Inkrustation« erzielt. Sammlung Mittermayr.

Ja, und dann brachte man als vierte, wesentliche Neuerung, ab 1400 die Vielfalt der damals bekannten *Glasurfarben* in Anwendung. Außer den verschiedenen Grüntönen wie moosgrün, hellgrün und hafnergrün trugen und tragen die Farben dunkelbraun, gelb, altweiß, blau, violett, rot und schwarz wesentlich zur Belebung der Kacheln bei.

Zu dem außergewöhnlichen Reichtum des Dekors der Kacheln kam eine nicht minder umfassende Wandlung der Gesamtform der Öfen. Zwar wurde für den Unterbau mit dem Feuerraum meist die kubische Grundform des romanischen Ofens beibehalten, dieser Ofenteil wurde jedoch oft auf einem Sandsteinsockel oder auf einer Eisenträgerkonstruktion erstellt, deren

Einer der schönsten Kachelöfen steht im Viktoria- und Albert Museum in London. Er wurde Ende des 16. Jahrhunderts von Hans Kraut in Villingen/Schwarzwald für ein Kloster geschaffen. Über einen Kunsthändler in Paris gelangte dieses Prachtstück 1868 für 5000 Francs nach London.

Stützen z. B. durch Löwen oder andere Tierskulpturen verkleidet waren. Den Oberbau des Ofens bildete ein mehrschichtiger runder oder polygonaler Aufsatz, der sich häufig nach oben verjüngte und damit die Gebäudearchitektur nachahmte. Wäh-

110

rend im Unterbau die quadratische Blattkachel – oft mit flacher Tellerform und vielfarbigen Porträtbildern – vorherrschte, wurde der Oberbau meist aus Nischenkacheln errichtet. Eine gotische Zinnenbekrönung bildete häufig den Abschluß.

Schien es, daß in der Spätgotik der Kachelofen seine vollkommenste Entwicklung erreicht hatte, so brachte die *Renaissance* (1525–1675) noch eine weitere Steigerung mit sich. Diese Entwicklung umfaßte die Gestaltung der Einzelteile und die gesamte

Gotischer Turmofen, Burg Meran, 15. Jahrhundert. Unterbau kubusförmig aus quadratischen Schüsselkacheln, Oberbau mit eingesetzten Wappen, oben Zinnenbekrönung.

Detailfoto (Oberbau des Ofens). Meraner Burg.

Im bäuerlichen Bereich konnte die grüne Schüsselkachel auch während des 13.–15. Jahrhunderts nicht verdrängt werden. Dabei wurden die Kacheln oft schichtweise, stufenförmig zurückgesetzt, damit ein dem damaligen Stilempfinden gerecht werdender konischer Kegelstumpf erzielt wurde.

Ofenform. Ähnlich wie die damaligen Großbauten sollte auch der Ofen ein wuchtiges, imponierendes Aussehen erhalten.

Während in der Gotik die Kachelmaße in bescheidenem Rahmen blieben, also kaum größer waren als 25 cm × 35 cm, schufen die

112

Voluten, Vasen, Blattmuster und stilisierte Embleme geschaffen. Die Öfen standen häufig auf Messingfüßen, der Rundofen war besonders beliebt; er wirkte oft wie ein Denkmal. Die säulenförmigen Öfen mit

»Überschlagener« Barockofen. Sammlung Sommerhuber, Steyr, Niederösterreich.

Kachelofen mit Bildergeschichten von Daniel Meyer aus Steckborn. Kloster Salem 1733.

durchgehender Kannelierung als Postament und aufgesetztem »Feuertopf« oder der Nachbildung einer griechischen Figurenplastik als mehr oder weniger großem Aufsatz waren der Haupttyp jener Epoche. Auch Pyramide oder Kegel schlossen die Öfen häufig im Oberbau ab. Glasurfarben weiß und dunkelbraun/schwarz dominierten. Zentren des neuen Stils waren Paris, Straßburg und Wien.

Die klassizistischen Öfen erfuhren zu Beginn des 19. Jahrhunderts noch eine Vereinfachung der Verzierung und der Gestaltung des Oberbaus, maßgebend beeinflußt

126

Barockofen, 1731. Dunkelblau mit weißen Lisenenkanten und Bändchen sowie sepiabemalten Medaillons mit biblischen Darstellungen.

Turmofen von Leonhard Lochner, nach einem Entwurf von David Morf. Bemalung durch Daniel Düringer aus Steckborn. Um 1760, Zunfthaus zur Meisen, Zürich.

durch den in Berlin wirkenden Architekt Karl Friedrich Schinkel (1781–1841), der selbst Modelle für die keramische Fabrik Feilner ausarbeitete. Die Riefung oder Kannelierung der Kachelblätter sowie die vereinfachten, stilisierten flachen Blattmuster wurden auch in die Produktion der bürgerlichen Öfen übernommen. Dies führte zum Biedermeierstil der über Jahrzehnte das Bürgerhaus prägte.

Biedermeierstil (1825–1850). Kurze keramische Füße trugen den 5–6 Schichten hohen Ofen, der einen zierlichen Fuß- und Obersims aufwies. Diese Öfen erhielten auch eine bis zwei »Wärmeröhren« oder »Durchsichten«, gelegentlich auch mit keramischer Verzierung. Solche Wärmeröhren aus Blech gliederten den Ofen und trugen wesentlich zur rascheren und erhöhten Wärmeabgabe bei. Typisch für den

128

Biedermeierofen waren die abgerundeten Kachel- und Simsecken und der Verzicht auf großflächige keramische Einheiten.

Während der Herrschaft Napoleons wurde in Frankreich und an den Höfen einiger Vasallenstaaten der dem Kaiser zugeschriebene Stil gepflegt, der sich auch im Ofenbau erkennen ließ.

Empire (1800–1815). Klassizistischer Gesamtaufbau, meist säulenförmig, gepaart mit ägyptischen Dekorelementen, gerillte Kachelflächen, Großvasen, Girlanden, an Goldknöpfen hängend, häufig das Emblem N, Greifenklauen, tanzende Nymphen mit wallenden Gewändern sowie die Farben weiß, gold, glänzendes Braun oder helles Grün sind die Merkmale dieser Öfen.

Nach Errichtung des Deutschen Reiches 1871 begann als Folge der französischen Reparationszahlungen eine große Bautätigkeit, durch die ein enormer Bedarf an Öfen für Wohnungen entstand. Eine Vielzahl von Fabriken übernahm in allen deutschen Ländern die Serienproduktion. Diese Epoche entwickelte keinen eigenen Stil, bis zum Ende des 19. Jahrhunderts verwendete man in der sogenannten *Gründerzeit (1872–1895)* Nachahmungen vergangener Kunstrichtungen und gab ihnen lediglich die Vorsilbe Neo. Die Palette der bei der Einrichtung und im Ofenbau gebräuchlichen Nachahmungen reichte von der Neogotik bis zum Neoklassizismus. Beliebt war die Anwendung von Flachreliefs mit Motiven aus Wagneropern, am meisten jedoch prägte man Kachelöfen mit Renaissanceornamenten.

Die Öfen jener Zeit waren meist sehr hoch, 7–9 Schichten, entsprechend den damals sehr hohen Wohnräumen. Solche Öfen schlossen oben mit einem wuchtigen keramischen Teil, dem sogenannten »Fronton« ab, das nicht mehr durch Heizgase berührt wurde und somit keinerlei Wärmefunktion hatte.

Quadratische Schüsselkachel grünglasiert, 15. Jh. Dresden, Museum für Kunsthandwerk.

Grünglasierte Rundkachel mit konzentrischen Verzierungen und Noppen, 15. Jh. Basel, Historisches Museum.

Rundkachel mit Mädchenkopf, Anfang 15. Jh. Budapest, Burgmuseum.

Topfkachel mit vorgesetztem Rahmen und Vierpaßöffnung, grün glasiert, 15. Jh. Basel, Historisches Museum.

»Gründerzeitöfen« besaßen 2–3 »Wärmeröhren«, einen wuchtigen Unterbau und einen hohen, etwas zurückspringenden Oberbau. Die Gesamthöhe betrug meist etwa 2,80 m. Eine reiche Farbskala bot vor allen Dingen pastelle Töne an. Lediglich die sogenannten »Berliner Öfen«, eine Sonderform ohne Wärmeröhren und statt dessen zierende Nischen oder Medaillons, wurden fast ausschließlich in einheitlich deckendem Weiß geliefert, gelegentlich durch rötelfarbene Simse unterbrochen.

Die Kachelöfen des 20. Jahrhunderts übernahmen zunächst in der kurzen Zeit des *Jugendstils (1894–1905)* die Motive naturhaften Rankenwerks, großblütige Lotosblumen, Seerosen und geschwungene Bänder auf den einzelnen Kacheln. Die Ofenform blieb die der Gründerjahre. Gedeckte Pastelltöne wie taubengrau, oliv- und lindgrün sowie blaugrau herrschte bei den Glasurfarben vor.

Nach dem 1. Weltkrieg zog in der Architektur, aber ebenso in der Innenausstattung und damit auch in der Gestaltung des Kachelofens, nüchterne Sachlichkeit ein. Stereometrische Kombinationen waren gelegentlich beliebt, etwa ein an eine Raumecke angebauter fünfeckiger Unterbau mit dem Oberbau eines Dreieckprismas. Unregelmäßig eingesetzte kleine Reliefkacheln belebten die sonst glatten Flächen.

Eine Ofenform hat alle Jahrhunderte überdauert und erfreut sich auch am Ende des 20. Jahrhunderts der alten Beliebtheit als rustikales Schmuckstück des Raumes: Der Bauernofen. Allen diesen Öfen gemeinsam ist der gemauerte Unterbau mit den ausgesparten Rund- oder Segmentbögen sowie einem 3–4 Schichten hohen, massigen Ofenkörper aus tiefen, quadratischen Schüsselkacheln.

Überaus variationsreich kann der Oberbau gestaltet werden. Da gibt es keramische Halbkugeln und gemauerte Kegelstümpfe

mit eingesetzten »Augen« oder »Faustwärmern«. Trapezförmige Schüsselkacheln, die wiederum eine abgeschnittene Kegelform ergeben mit kleinen Abschlußsimschen, abgetreppte Pyramidenstümpfe oder einfach an die Schornsteinwand anlaufende schräge Putzflächen, oft verziert durch Reliefgußplatten oder Fresken. Der Formenphantasie sind keine Grenzen gesetzt, immer wird eines erreicht: der Ofen als Raumgestaltungselement um Gemütlichkeit und Wohlbehagen zu vermitteln.

Kranzkachel mit Zinnenabschluß und eingeschnittenem Vierpaßmuster, 15. Jh. Prag, Nationalmuseum.

Mit der verstärkten Wiederkehr des Kachelofens seit den Sechzigerjahren gewinnt die Lust an der schöpferischen Gestaltung dieses Kulturgutes neue Dimensionen. Die Keramiker und Tonwarenfabriken erinnern sich alter Model und lassen durch Designer neue Kachelformen entwerfen.

Der Kachelofen steht in einer Reihe mit den Kulturprodukten, die in das Werden, die Wandlungen und Entwicklung der stilträchtigen Gegenstände menschlichen Gebrauches mit schöpferischem Einschlag eingeschlossen sind.

Wärme aus dem Kachelofen

Im wesentlichen ist die Tatsache, daß sich der Kachelofen in der gemäßigten Klimazone Europas über viele Jahrhunderte hinweg bis in die heutigen Tage als hervorragende und beliebte Wärmequelle erhalten hat darauf zurückzuführen, daß der Kachelofen von allen Heizsystemen den physiologischen Bedürfnissen des menschlichen Körpers am besten entspricht. Ferner ist er durch seine der jeweiligen Region angepaßten Brennstoffverwendung und seine Brenngutausnutzung mit die rentabelste Heizungsart.

Diese Feststellung gilt es zu beweisen. In dem Standardwerk »Thermal-Comfort« definiert Prof. P. O. Fanger, der Leiter des Laboratoriums für Heizung und Lüftung der Universität Dänemark, »Raumklima« wie folgt:

Raumklima ist die Zusammenfassung all jener physikalischen Eigenschaften in einem Gebäudeinneren, die den Menschen hinsichtlich seines Wärmeverlustes und der Atmung beeinflussen.

Diese Definition schließt außer den wärmebedingten Faktoren auch weitere Kriterien mit ein, wie den Staubanteil, die Zusammensetzung der Luft, Gerüche, elektrische Teilchen, Mikroorganismen usw. Die Optimierung all dieser Komponenten im positiven Sinne schafft das, was wir »Behaglichkeit« nennen. Der wesentliche Anteil am Gefühl der Behaglichkeit, wird durch die Wärmeempfindung vermittelt.

Der menschliche Körper entwickelt zunächst selbst Wärme durch die Verbrennung aufgenommener Nahrungsmittel und durch die körperliche Arbeit. Der Temperaturstand von 37°C im Körper ist bedingt

134

durch die Regulatoren Blut, Haut und Lunge, wobei durch die beiden letzteren im Sommer erzeugte Wärme abgegeben und umgekehrt im Winter solche aufgenommen wird. Der menschliche Körper gibt Wärme durch folgende Wärmeübertragungsarten ab:

a) Haut

durch Strahlung	42 %	des Gesamthaushalts
durch Strömung (Konvektion)	26 %	des Gesamthaushalts
durch Leitung (Kontakt)		unbedeutend
durch Verdunstung (Latente Wärme)	18 %	des Gesamthaushalts

b) Lunge

durch Strömung	14 %	des Gesamthaushalts
	100 %	

Durch die Heizung werden in der kühlen und kalten Jahreszeit die Wärmeverluste ausgeglichen und zwar in Form von Wärmezuführung mittels der beiden wesentlichsten Übertragungsarten »Strahlung« und »Strömung«. Die Strahlung erfolgt durch Aussendung kurzer Wellen vom Heizkörper im »direkten Beschuß« zu den Umfassungswänden und Gegenständen im Raum. Unter Strömung – auch Konvektion genannt – versteht man das Vorbeistreichen der Raumluft an den Kachelflächen von unten nach oben, wobei sie sich aufheizt und mit der übrigen Raumluft vermengt.

Hygieniker stellen analog der am menschlichen Körper auftretenden Wärmeabgabe die Forderung, daß eine Heizung etwa zu 40 % mittels Strahlung und zu 60 % mittels Konvektion diese Verluste ergänzen

soll, um als angenehm empfunden zu werden.

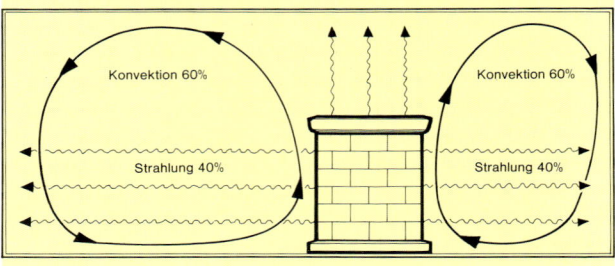

Heizsysteme, welche den Wärmebedarf ausschließlich durch Strahlung oder durch Konvektion abdecken sind dem menschlichen Körper nicht im vollen Umfang zuträglich. Ohne hier auf die einzelnen Heizsysteme einzugehen kann jedoch festgestellt werden, daß eine Reihe sehr weit verbreiteter und angewandter Heizungsarten nicht die vollständige Behaglichkeit vermitteln. Zahlreiche Klagen über Unpäßlichkeiten in der kalten Jahreszeit sind auf diese physiologisch bedingten Gründe zurückzuführen.

Der Kachelofen als Einzelofen und als Mehrraumheizung weist Oberflächentemperaturen von 50 – 80°C auf, in deren Bereich die Anteile der Strahlung bzw. der Konvektion weitgehend den Körperbedingungen entsprechen.

Das ist eine der Ursachen, warum sich beim Betreten eines kachelofenbeheizten Raumes unwillkürlich das Gefühl des Wohlbehagens und die Stimmung der Gemütlichkeit einstellen. Diese positiven Erscheinungen werden aber noch ganz wesentlich beeinflußt und verstärkt durch ein Kriterium, das charakteristisch für die Kachelöfen jeder Form ist, nämlich durch den Verbrennungsvorgang. Der im Wohnbereich stehende Kachelofen benötigt zur Verbrennung des festen oder flüssigen Brennstoffes erhebliche Mengen von Luft, was durch folgendes Beispiel dargestellt wird:

Kranzkachel mit Kaiser Heinrich und Kunigunde als Stifterin des Bamberger Domes, Mitteldeutschland, um 1500, Werkstatt des Goslarer und Halberstädter Ofens (?), München, Bayerisches Nationalmuseum.

Zur Beheizung eines Raumes mit einer Fläche von 4 m × 5 m und einer Höhe von 3 m, also einem Kubus von 60 m³, würde in einer Stunde 0,8 kg Steinkohle aufgelegt. Dieses Brenngut benötigt in einer Stunde zur Verbrennung 10,8 m³ Luft und damit 18 % der gesamten Raumluft. Somit wird täglich aufgrund der Ofenbenützung die Luft dieses Raumes auf natürliche Weise, nämlich durch die Maueratmung (Diffusion) sowie durch Fenster- und Türspalten

4–5 mal erneuert. Die Ofenfeuerung befördert – durch die Verbrennung und den dadurch entstehenden natürlichen Auftrieb im Schornstein – mit der in die Ofentüre einstreichenden Luft auch alle unangenehmen Luftanteile wie Gerüche, Staub, Tabakrückstände, Mikroorganismen und überhöhten Kohlendioxidanteil ins Freie und saugt dafür frische Außenluft an. Gleichzeitig entsteht im Raum eine kaum zu registrierende, aber unterschwellig als

Leistenkachel aus der Werkstatt des Vasen-Ofens, Nürnberg, um 1500. Ehem. Berlin, Schloßmuseum.

angenehm empfundene Luftbewegung in Richtung Kachelofen.

Sehr wesentlich beeinflußt wird das Raumklima auch durch die Speicherwirkung der Kachelöfen. Die beim Abbrand freigemachte Wärmemenge durchdringt die schwere Schamotte- und Kachelwand mit zeitlicher Verzögerung und speichert damit Wärme über einen längeren Zeitraum. Wärme wird umso mehr gespeichert, je mehr keramisches Material eingebaut wird. Diese Speicherwärme erzeugt eine kontinuierliche Ausstrahlung an die Umschließungsflächen des Raumes, was wiederum zu nur wenig schwankenden Raumlufttemperaturen führt.

Wie eingangs dargestellt, liegen die Vorteile des Kachelofens einerseits in seinen physikalischen Gegebenheiten, mit der entsprechenden Anpassung an physiologische Bedingungen des menschlichen Körpers, andererseits in der Rentabilität. In einer Zeit des erschreckend zum Problem gewordenen Energiemangels, mit drohenden Strom- und Ölsperren für die letzten Jahrzehnte dieses Jahrhunderts, sollten wir uns wieder an die Brennstoffe erinnern, die

der heimische Boden schenkt: an Holz, Braunkohle, Steinkohle und Torf. Riesige Mengen von Holz verrotten in unseren Wäldern und mancher Besitzer eines von Bäumen bestandenen Grundstückes weiß nicht wohin mit dem »Holzabfall«, während im Wohnhaus teueres Öl in der Zentralheizung verbrennt. Auch Kohle in jeder Form wird im mitteleuropäischen Raum noch für Jahrhunderte verfügbar sein.

All diese festen Brennstoffe verwandelt der neuzeitliche Kachelofen mit seiner modernen, sparsam arbeitenden Konstruktion bei günstigem Nutzeffekt in Wärme. Viele Mitbürger, die einen Kachelofen als Zweitheizung besitzen, lassen heute die ölbetriebene, große Heizung, oder die Nachtspeicheröfen, während der Übergangszeit außer Betrieb und schaffen sich das gewünschte, gemütliche Fluidum, auf sparsamere und angenehme Weise. Und häufig hört man Kachelofenfreunde sagen, wie zweckmäßig es ist, die vielen brennbaren Dinge, die so oft den Müll belasten, in Wärme umzuwandeln.

Die heiztechnischen, hygienischen und finanziellen Erkenntnisse werden in den

140

Südtiroler Fayenceofen mit männlichen und weiblichen Porträtmedaillons, um 1530/40. Trient, Nationalmuseum.

nächsten Jahrzehnten dem Kachelofen – und sei es auch nur als Zweitheizung – als einem krisensicheren, sparsamen, gesundheitsförderlichen und behaglichen Heizsystem mit bester Tradition – und der Möglichkeit individueller Gestaltung – viele neue Freunde zuführen.

Kachelöfen heute

Kachelgrundöfen mit all ihren Varianten entsprechen auch heute den Anforderungen, solange es darum geht einen, höchstens aber 2–3 Räume zu heizen.

Über Kachelgrundöfen finden Sie näheres auf Seite 174.

Eine Sonderbauform des Kachelgrundofens ist der *Elektro-Kachel-Wärmespeicher*, ein vorwiegend mit Niedertarifstrom beheizter Kachelofen. Eine »passende« Aufladeautomatik sorgt dafür, daß die Aufladung erst gegen Ende der nächtlichen Niedertarifzeit erfolgt. (Zeichnung: S.146 + 148)

In seiner äußeren Form gleicht so ein Kachel-Wärmespeicher den verschiedenen Bauformen des Kachelgrundofens. Da der Kachel-Wärmespeicher aber nicht schornsteingebunden ist, kann er auch in anderen Bauformen, z. B. als langer, niederiger Ka-

142

Kachel mit der Darstellung des Sündenfalles, vielleicht nach einem Entwurf von Georg Vest d. J., Winterthur, erstes Viertel 17. Jh. Winterthur, Schloß Wülfingen.

144

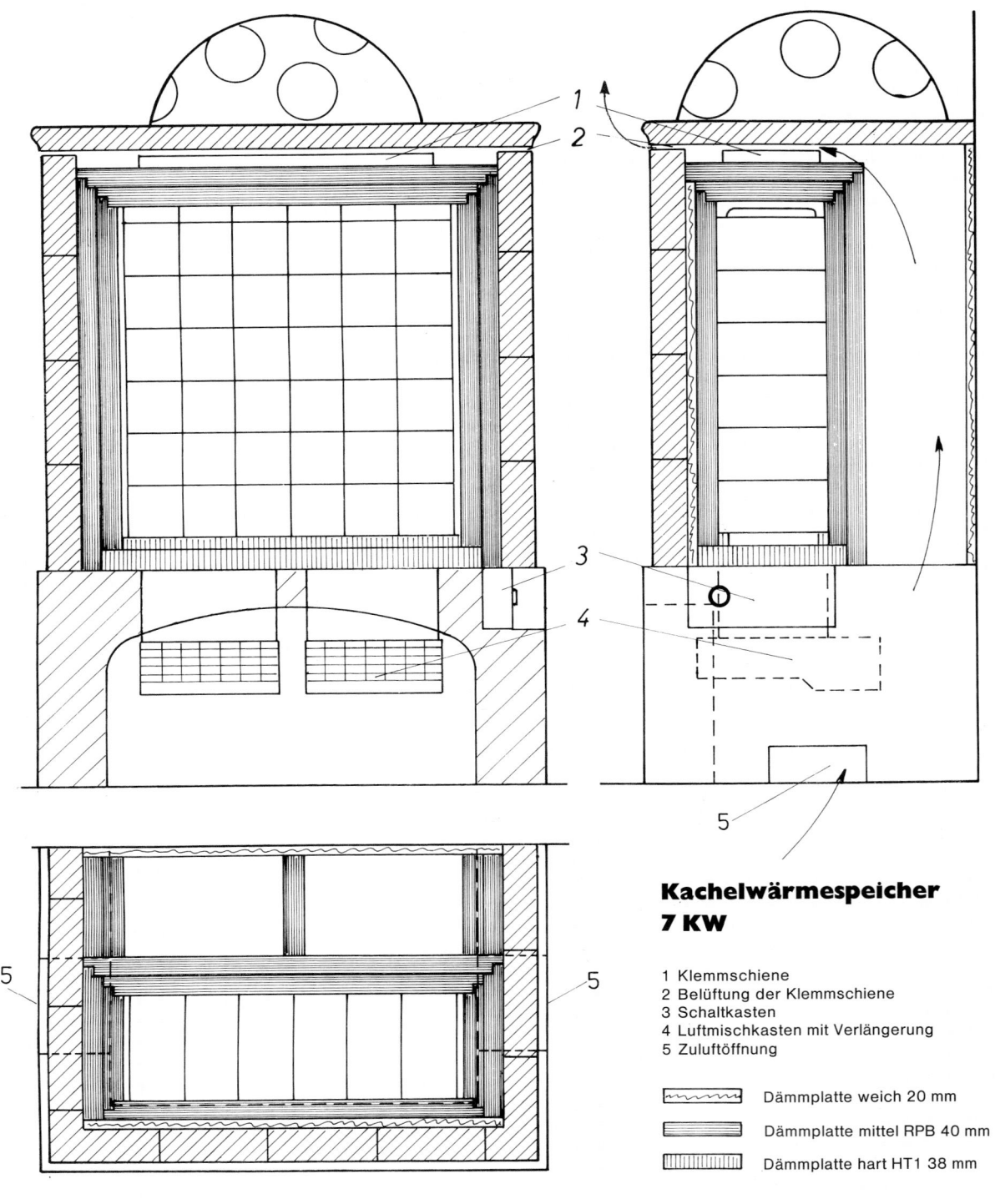

Kachelwärmespeicher 7 KW

1 Klemmschiene
2 Belüftung der Klemmschiene
3 Schaltkasten
4 Luftmischkasten mit Verlängerung
5 Zuluftöffnung

〰〰〰	Dämmplatte weich 20 mm
▭	Dämmplatte mittel RPB 40 mm
▥	Dämmplatte hart HT1 38 mm

146

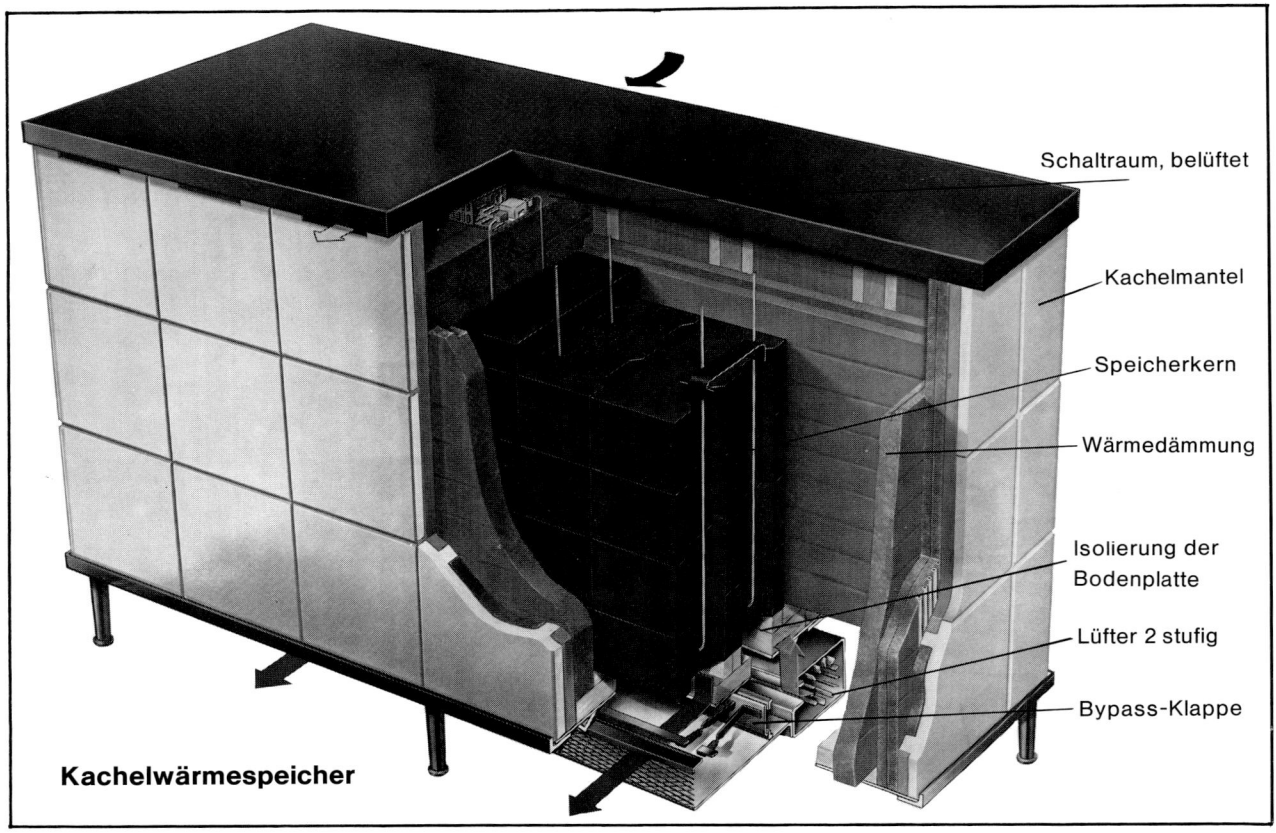

Schaltraum, belüftet

Kachelmantel

Speicherkern

Wärmedämmung

Isolierung der Bodenplatte

Lüfter 2 stufig

Bypass-Klappe

Kachelwärmespeicher

chel-Wärmespeicher unterhalb der Fensterbrüstung aufgebaut werden.

Kachel-Wärmespeicher, die ihre Wärme ausschließlich über ihre Oberfläche abgeben, sind selten geworden. Heute werden Kachel-Wärmespeicher mit einem oder mehreren geräuscharmen Lüftern ausgestattet und geben ihre Wärme – über einen Raumthermostaten gesteuert – vorwiegend als Warmluft ab.

Solche Kachel-Wärmespeicher (es ist dies die Bauart III) ähneln in ihrer Funktion einer Kachelofen-Warmluftheizung, sind aber fast ausschließlich Einraumheizungen. Über elektrisch beheizte Kachelofen-Warmluftheizungen zur Beheizung mehrerer Räume finden Sie näheres auf Seite 160.

Eine andere Kachelofenheizung ist die vom Kachelofenbauer-Handwerk vielfältig gestaltete und weit verbreitete Kachelofen-Warmluftheizung.

Während in einem Kachelgrundofen die Feuerung fest im Unterteil eingebaut (eingemauert) ist und die Heizgase unmittelbar an den Kachelwänden entlang strömen, sind in der Kachelofen-Warmluftheizung Feuerung und Kachelwand getrennt.

Kachelofen-Warmluftheizungen für Kohle- und Koksfeuerung arbeiten im Dauerbrand und unterscheiden sich damit wesentlich von dem Kachelgrundofen, der nicht nur bei Holzfeuerung fast ausschließlich im Zeitbrand betrieben wird.

Als die Kohle im 19. Jh. für den Hausbrand immer mehr an Bedeutung gewann, folgte auch der Kachelofenbau diesem Trend. Um 1890 wurden eiserne Dauerbrandöfen für Anthrazitfeuerung (sogenannte »Amerikaner«) in den Unterbau von Kachelöfen eingebaut. Dabei behielt der Kachelofen seine äußere Form – relativ schmal und hoch –, weil die dem Dauer-

Kachel mit dem Porträt eines Fürsten, Mitteldeutschland, Anfang 16. Jh. München, Bayerisches Nationalmuseum.

brandeinsatz nachgeschalteten keramischen Heizgaszüge *oberhalb* des Dauerbrandeinsatzes aufgebaut wurden.

Um 1905 wurde in Deutschland der Dauerbrandeinsatz »irischer Bauart« für Kachelöfen angeboten; sein Feuerraum war von oben zu befüllen. Aus diesen Dauerbrandeinsätzen wurden dann im Laufe der Jahre die heutigen Heizeinsätze für feste Brennstoffe (nach DIN 18892) entwickelt.

Mit dem Einbau dieser Heizeinsätze entstand in den Jahren zwischen den beiden Weltkriegen die Kachelofen-Mehrraumheizung. Als es im Zuge des Wiederaufbaus nach dem 2. Weltkrieg darum ging, möglichst schnell viele Wohnungen zu bauen, wurden solche Kachelofen-Mehrraumheizungen in sehr großer Zahl eingebaut. Aus damaliger Sicht war das auf breiter Front eine befriedigende und sehr preisgünstige Lösung des Heizproblems für Wohnungen und Reihenhäuser. Manchmal wurden al-

150

lerdings die physikalischen Grenzen dieses Heizsystems überschritten. Dies war dann der Fall, wenn man zu weit entfernte Räume mitheizen wollte.

Die Kachelofen-Warmluftheizung von heute ist ein angebauter oder zwischen 2–3 Räumen durchgebauter Kachelofen mit einer Heizkammer und einem Heizeinsatz für feste Brennstoffe, Öl, Gas oder Strom. Sie beheizt in aller Regel mehrere Räume im gleichen oder darüber liegendem Stockwerk.

Ihre Wärmeabgabe erfolgt – und zwar sofort nach dem Anheizen beginnend – vorwiegend durch *Konvektion*. Wieviel Wärme durch *Strahlung* an den Aufstellungsraum abgegeben werden kann, richtet sich nach Größe und Temperatur der Kachelfläche.

Bei Entwurf und Ausführung einer Kachelofen-Warmluftheizung sind die Anforderungen der »Technischen Richtlinien für Warmluftheizungen – TR Warmluftheizung« zu beachten.

Jede Kachelofen-Warmluftheizung besteht aus einem Außenmantel (teilweise oder ganz aus Kacheln gebaut), der die

Heizkammer bildet, in der ein Heizeinsatz freistehend (ggf. mit Heizgaszügen) aufgestellt und – von Elektro-Heizung abgesehen – an den Schornstein angeschlossen ist. Um- und Zuluftöffnungen (ggf. auch Um- und Zuluftleitungen) sind für einen ein-

wandfreien Luftkreislauf erforderlich. Die erforderlichen Abstände innerhalb der Heizkammer (zwischen Heizeinsatz und Heizkammerwand oder zwischen Heizeinsatz und Heizgaszügen) sind in den Tabellen der TR-Warmluftheizung festgelegt. Wenn ein solcher Abstand aus konstruktiven Gründen wesentlich größer ausfiele als technisch erforderlich, muß (z. B. zwischen Heizgaszüge und Innenseite der Kachelwand) eine Trennwand aus Stahlblech eingebaut werden.

Wärmeträger einer Kachelofen-Warmluftheizung ist – wie der Name schon sagt – die Luft; sie tritt mit Raumlufttemperatur von ca. 20°C in die Heizkammer bzw. die Umluftöffnungen ein, wird in der Heizkammer erwärmt und tritt durch die Zuluftöffnungen mit ca. 75°C aus. Für einen einwandfreien Luftkreislauf sind Um- und Zuluftöffnungen (ggf. auch Um- und Zuluftleitungen) entsprechender Größe erforderlich.

Kachelofen-Warmluftheizungen für Feuerung fester Brennstoffe oder Ölfeuerung werden so ausgeführt, daß zwischen Heizeinsatz und Schornstein Heizgaszüge eingebaut werden, in denen den Verbrennungsgasen noch freie Nutzwärme entzogen wird. Der Kachelofenbauer hat die Wahl zwischen Heizgaszügen aus Stahlblech und keramischen (gemauerten) Heizgaszügen.

Heizgaszüge aus Stahlblech brauchen wenig Platz und bieten den Vorteil einer kürzeren Aufheizzeit; ob sich die fehlende Wärmespeicherfähigkeit solcher Heizgaszüge nachteilig auswirken kann, hängt von der Art des Brennstoffs und der Betriebsweise ab. (Siehe Zeichnung Seite 154).

Keramische Heizgaszüge sind entsprechend dickwandig und mit der Kachelwand eng verbunden. Da sie mehr Platz brauchen und so »konstruiert« werden, daß die Kacheloberfläche nur eine mittlere Tempera-

tur von 50°C erreicht, ergibt sich zwangsläufig eine größere Kachelfläche und damit
ein größerer Anteil an Strahlungswärme. Je
langflammiger der Brennstoff ist, desto vor-
teilhafter sind keramische Heizgaszüge, in
denen die heißen Heizgase an der Innenseite der Kacheln entlang geführt werden;
das zu beachten, ist vor allem bei Holzfeuerung wichtig.

Der Standort der Kachelofen-Warmluftheizung ist – von Elektro-Heizung abgesehen – schornsteinabhängig, d. h. sie soll in
unmittelbarer Nähe des Schornsteins stehen. Eine Kachelofen-Warmluftheizung für
mehrere Räume wird zweckmäßigerweise
im Schnittpunkt dieser Räume erstellt, wo-

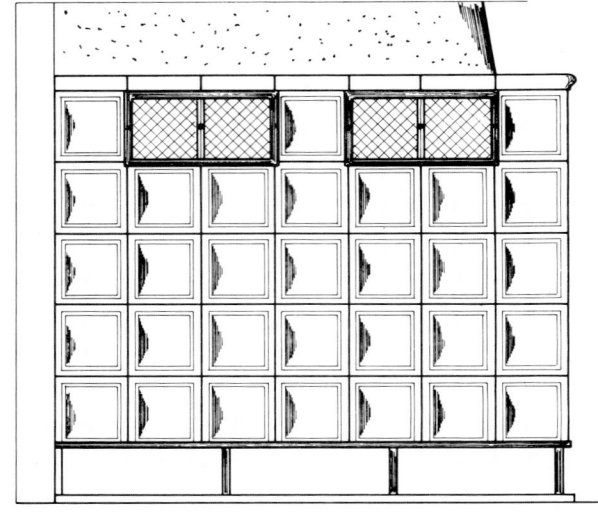

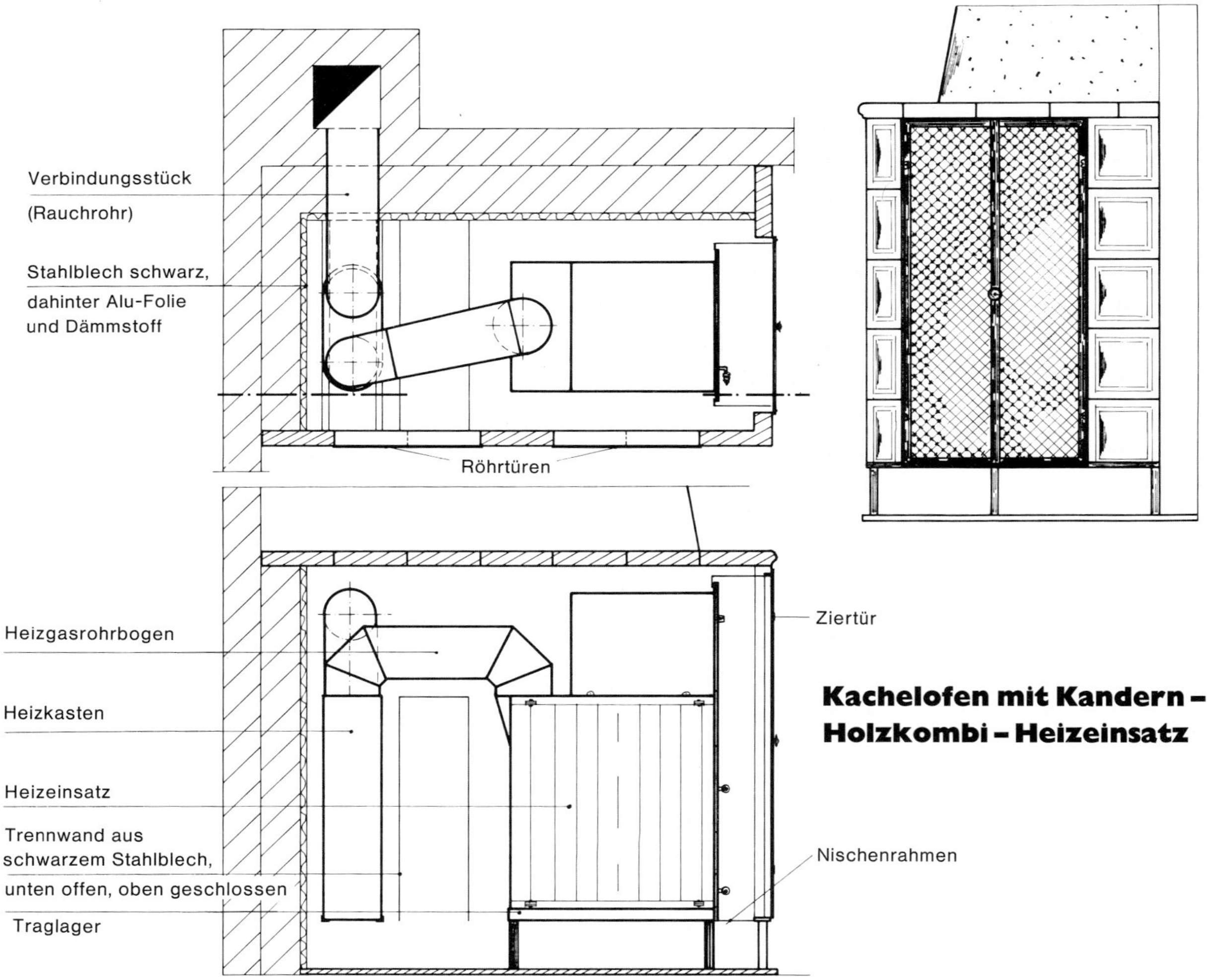

Verbindungsstück
(Rauchrohr)

Stahlblech schwarz,
dahinter Alu-Folie
und Dämmstoff

Röhrtüren

Heizgasrohrbogen

Heizkasten

Heizeinsatz

Trennwand aus
schwarzem Stahlblech,
unten offen, oben geschlossen

Traglager

Ziertür

**Kachelofen mit Kandern –
Holzkombi – Heizeinsatz**

Nischenrahmen

154

bei sich ein Teil dieser Räume auch im darüber liegenden Stockwerk befinden kann. An der Bedienungsseite bildet die Frontplatte des Heizeinsatzes oder eine Vortür den äußeren Abschluß. Wenn es die räumlichen Verhältnisse zulassen, soll die Bedienungsseite in einem angrenzenden Nebenraum, meist in der Diele oder im Flur liegen; dies ist auch dann üblich, wenn die Kachelofen-Warmluftheizung völlig bedienungsfrei betrieben werden kann.

Für *Kohle- oder Koksfeuerung* setzt man einen Dauerbrand-Heizeinsatz nach DIN 18892 ein; er kann mit einem Leistungsregler ausgestattet und damit für die Feuerung aller Hausbrandsorten geeignet sein. Dauerbrandbetrieb ist dringend zu empfehlen, wobei je nach Außentemperatur und Brennstoff eine ein- bis zweimalige Bedienung je Tag erforderlich wäre.

Wenn *Holzfeuerung* (oder Torffeuerung) gewünscht wird, verwendet man einen Spezial-Heizeinsatz mit Sekundärluft-Einrichtung, der für die Feuerung mit Holzscheiten aller Art, Holz- und Reisigbündel (Wellen) und Torfziegeln besonders geeignet und mit einer entsprechend großen Fülltür ausgestattet ist.

Da sich diese Brennstoffe in der Kachelofen-Warmluftheizung in aller Regel nur im Zeitbrand verwenden lassen, ist zu überlegen, ob man nicht keramische Heizgaszüge einbauen sollte, denn bei ihnen würde es während des größten Teils der Heizperiode genügen, einmal am Tage hochzuheizen; nur an den wenigen sehr kalten Tagen des Winters wäre es notwendig nachzuheizen.

Vor allem für *Kachelöfen als Zweitheizung* empfiehlt sich die Feuerung fester Brennstoffe, insbesondere Holzfeuerung. Wenn schon die Hauptheizung mit Öl oder Gas gefeuert wird, sollte man die Zusatzheizung mit einer stets verfügbaren Energie betreiben können.

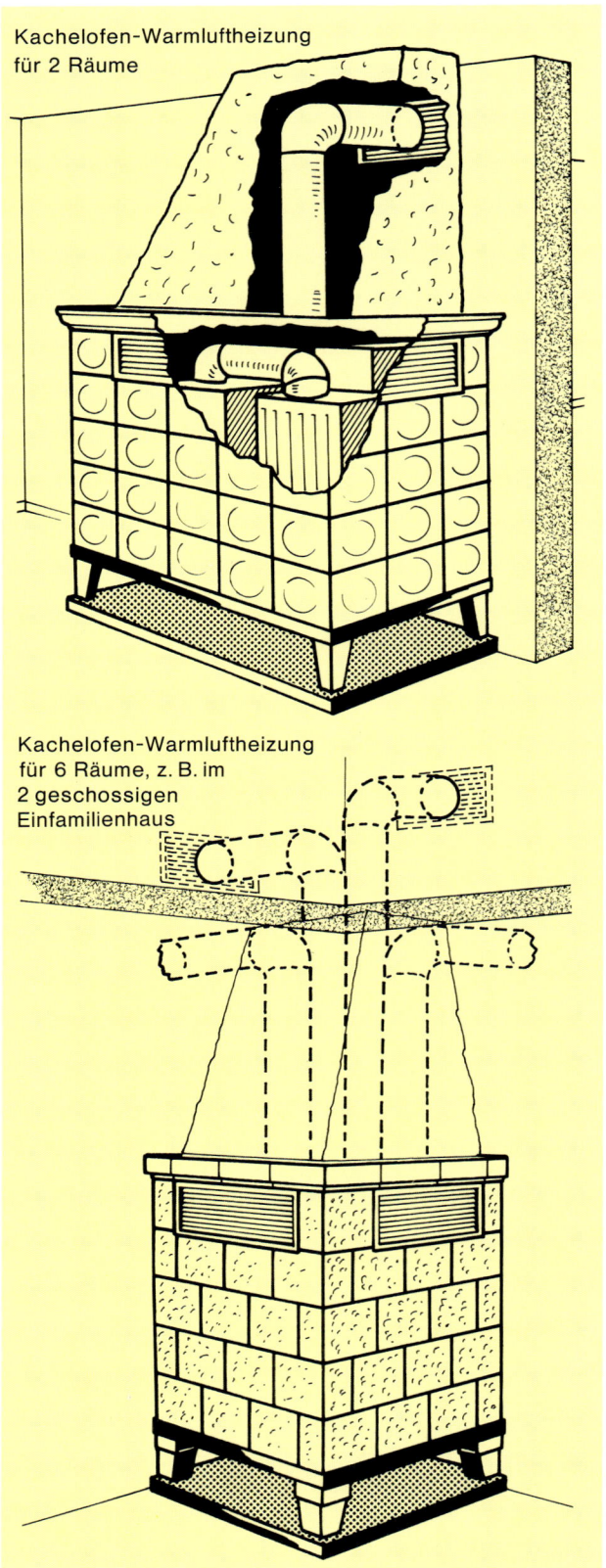

Kachelofen-Warmluftheizung für 2 Räume

Kachelofen-Warmluftheizung für 6 Räume, z. B. im 2 geschossigen Einfamilienhaus

Für *Ölfeuerung* in der Kachelofen-Warmluftheizung gibt es Ölheizeinsätze nach DIN 4731 mit Verdampfungsbrenner, die meistens mit einem Verbrennungsluftgebläse ausgestattet sind. Man hat die Wahl zwischen Ölheizeinsätzen mit Handregelung und solchen für halb- oder vollautomatischen Betrieb. Wer sich für einen vollautomatischen Ölheizeinsatz entscheidet, hat den Vorteil ohne Bedienungsaufwand auch in der Übergangszeit stets eine gleichmäßige Raumtemperatur zu haben.

Der Einsatz von Druckzerstäuberbrennern in Kachelöfen ist wegen des höheren Geräusches nicht üblich.

Ein Netzanschluß ist in aller Regel erforderlich, er wäre nur bei Verwendung eines Ölheizeinsatzes ohne Verbrennungsluftgebläse und ohne Raumthermostat entbehrlich.

Voraussetzung für die Bedienungsfreiheit ist eine automatische Ölzufuhr, also eine zentrale Ölversorgung. Eine elektr. Pumpe – im Tank oder in seiner Nähe montiert – fördert das Öl automatisch bis zum Ölheizeinsatz, der bis zu 25 m über der Pumpe stehen darf. Es ist gleichgültig ob man einen Haushalts-, Batterie- oder Erdtank für die Heizöllagerung wählt, wichtig zu wissen ist jedoch, daß die gesamte Heizöllagerung der Baugenehmigung bedarf und allen bauaufsichtlichen Bestimmungen entsprechen muß.

Die Erfahrungen anläßlich der »Ölkrise« sind noch in unguter Erinnerung. Deshalb wird häufig vorsorglich danach gefragt, ob solche Kachelofen-Warmluftheizungen *von Öl- auf Kohlefeuerung umstellbar* seien? Die Industrie bietet zu diesem Zweck Umbauteile an, mit denen der Kachelofenbauer bei Bedarf eine Umstellung (auch umgekehrt, von Kohle- auf Ölfeuerung) vornehmen kann. Es gibt aber auch Wechselbrand-Heizeinsätze, die vom Betreiber selbst mit wenigen Handgriffen von Öl- auf Kohle-

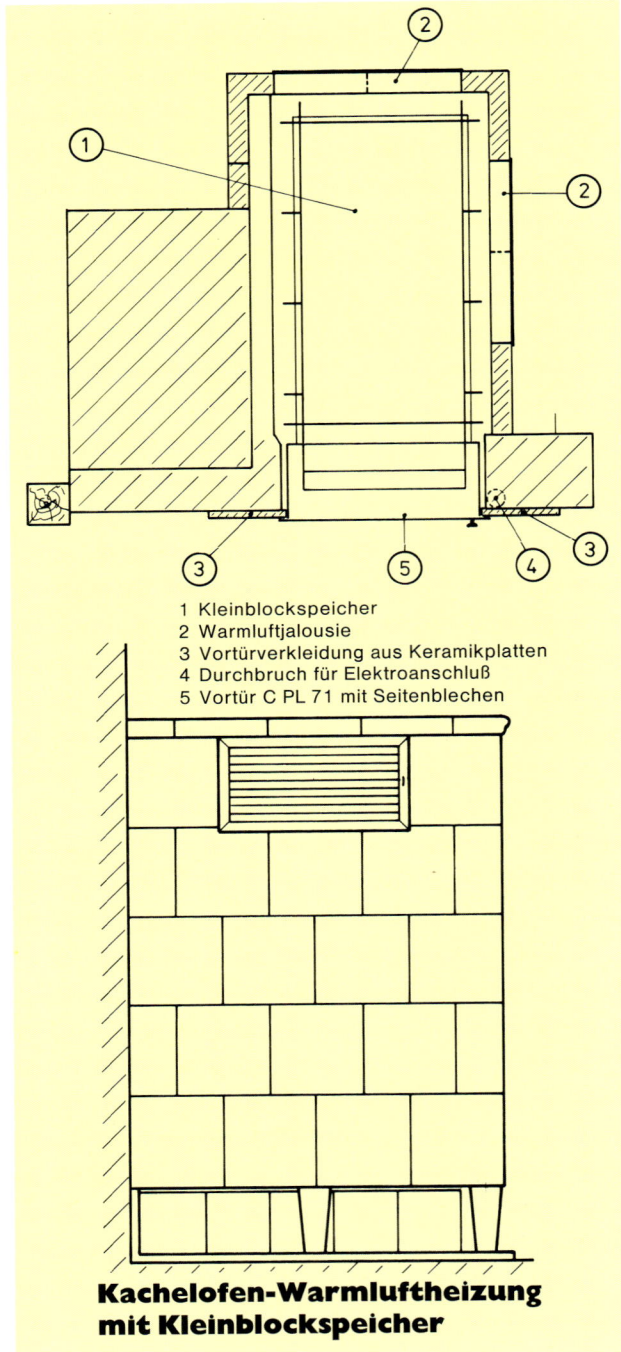

1 Kleinblockspeicher
2 Warmluftjalousie
3 Vortürverkleidung aus Keramikplatten
4 Durchbruch für Elektroanschluß
5 Vortür C PL 71 mit Seitenblechen

Kachelofen-Warmluftheizung mit Kleinblockspeicher

feuerung und umgekehrt umgestellt werden können.

Bei der Kachelofen-Warmluftheizung mit *Gasfeuerung* entfällt das Problem der Brennstofflagerung und des Brennstofftransportes zum Gasheizeinsatz. Die Industrie bie-

tet Gasheizeinsätze nach DIN 3365 mit verschiedenartigen Steuerungen, aber stets mit atmosphärischem Gasbrenner an. Als besonders zweckmäßig hat sich die in der Armatur eingebaute modulierende Steuerung erwiesen; bei ihr wird die Gaszufuhr stufenlos geregelt und anstelle eines Raumthermostaten ein mit Flüssigkeit gefüllter Kapillarrohr-Regler verwendet, sodaß kein Stromanschluß erforderlich ist.

Da Gasheizeinsätzen keinerlei Heizgaszüge nachgeschaltet werden dürfen, ist der Platzbedarf einer gasbefeuerten Kachelofen-Warmluftheizung besonders gering, die Kachelfläche aber auch entsprechend klein.

Auch *Elektro-Heizung* ist bei Kachelofen-Warmluftheizung möglich, sofern Niedertarif-Strom zur Verfügung steht. Als »Heizeinsatz« wird ein Kleinblock-Speicher (ca. 9–24 kW) eingebaut.

Ein Regelgerät steuert die Aufladung, indem es sie entsprechend den Forderungen des zuständigen EVU (Energie-Versorgungs-Unternehmen) und den Wünschen des Betreibers an das Ende der nächtlichen Niedertarifzeit legt. Die Einrichtung einer nachrangigen Tagnachladung ist grundsätzlich möglich. Unter Berücksichtigung der in der Speichermasse verbliebenen Restwärme wird die Lademenge abhängig von der Witterung (Durchschnittstemperatur) – und nicht von der zum Zeitpunkt der Aufladung herrschenden Außenlufttemperatur – dosiert.

Die Wärmeabgabe des Kleinblockspeichers erfolgt infolge seiner guten Isolierung nur zum kleinen Teil über die Oberfläche, zum größeren Teil über ein geräuscharmes Gebläse. Bei Wärmeanforderung durch den Raumthermostaten fördert das Gebläse heiße Luft aus dem Speicherkern in die Heizkammer. Dort wird ihr soviel – aus dem beheizten Raum angesaugte – Luft von ca. 20°C beigemischt, daß die Zuluft bei ih-

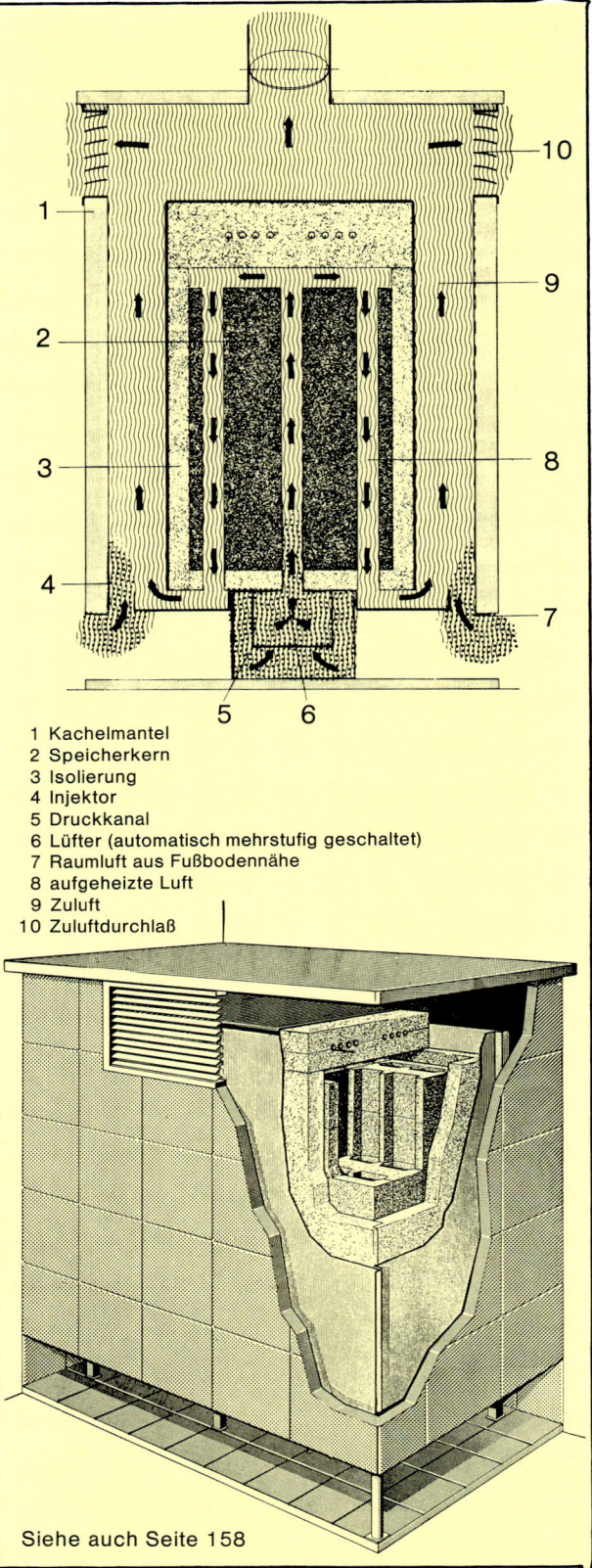

1 Kachelmantel
2 Speicherkern
3 Isolierung
4 Injektor
5 Druckkanal
6 Lüfter (automatisch mehrstufig geschaltet)
7 Raumluft aus Fußbodennähe
8 aufgeheizte Luft
9 Zuluft
10 Zuluftdurchlaß

Siehe auch Seite 158

rem Eintritt in den Raum die gewünschte Temperatur von ca. 75°C hat.

Da bei Elektro-Heizung kein Platz für Brennstofflagerung benötigt wird, kann dieser Platz eingespart oder anderweitig genutzt werden.

Eine Sonderbauform stellt die kombinierte Kachelofen-Warmwasserheizung für Ölfeuerung oder Feuerung fester Brennstoffe dar. Ein Ölheizeinsatz mit eingebauter Wasserschlange gibt seine Wärme in einem konstruktionsbedingt bestimmten Verhältnis als Warmluft bzw. als Warmwasser ab. Es ist sehr wichtig, dieses Verhältnis „Warmluft:Warmwasser" sorgfältig festzulegen, denn es kann später nicht oder nur mit großem Aufwand geändert werden.

Der Spezial-Röhrenkessel für feste Brennstoffe gibt seine Wärme meist als Warmwasser, zum geringeren Teil als Strahlungs- und Konvektionswärme über den sehr schwer gebauten Kachelmantel ab. Beide Heizgeräte können warmwasserseitig an Heizkörper und/oder Brauchwasserbereiter (Boiler) angeschlossen werden, die auch seitlich, darüber oder gar in der darunterliegenden Etage stehen können.

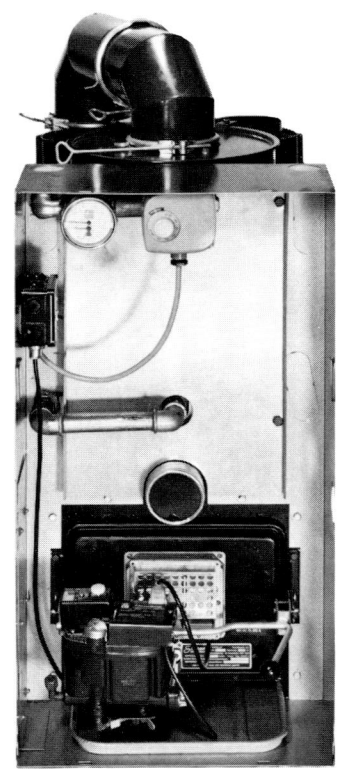

Ölheizeinsatz mit Wasserschlange, Rohranschlüsse hinter der Nische links oder rechts.

Spezial-Röhrenkessel, alternativ auch mit Backofen kombiniert; Rohranschlüsse vorne links oder rechts.

Kachelöfen als Zweitheizung

Wenn eine, meist öl- oder gasgefeuerte Hauptheizung (z. B. eine Warmwasserheizung) vorhanden ist und der Wunsch nach einem Kachelofen realisiert werden soll, wird man ihn als Zweit-, Zusatz- oder Übergangsheizung einbauen. Solche Kachelöfen können zwar sehr dekorativ sein, stehen aber häufig als »kalte Pracht« herum, da sie eben nur gelegentlich in Betrieb genommen werden.

Aber nur eine *warme* Kachelfläche verbreitet eine gemütliche und behagliche Atmosphäre und nur beim Anlehnen an eine warme Kachelfläche fühlt man sich wohl.

162

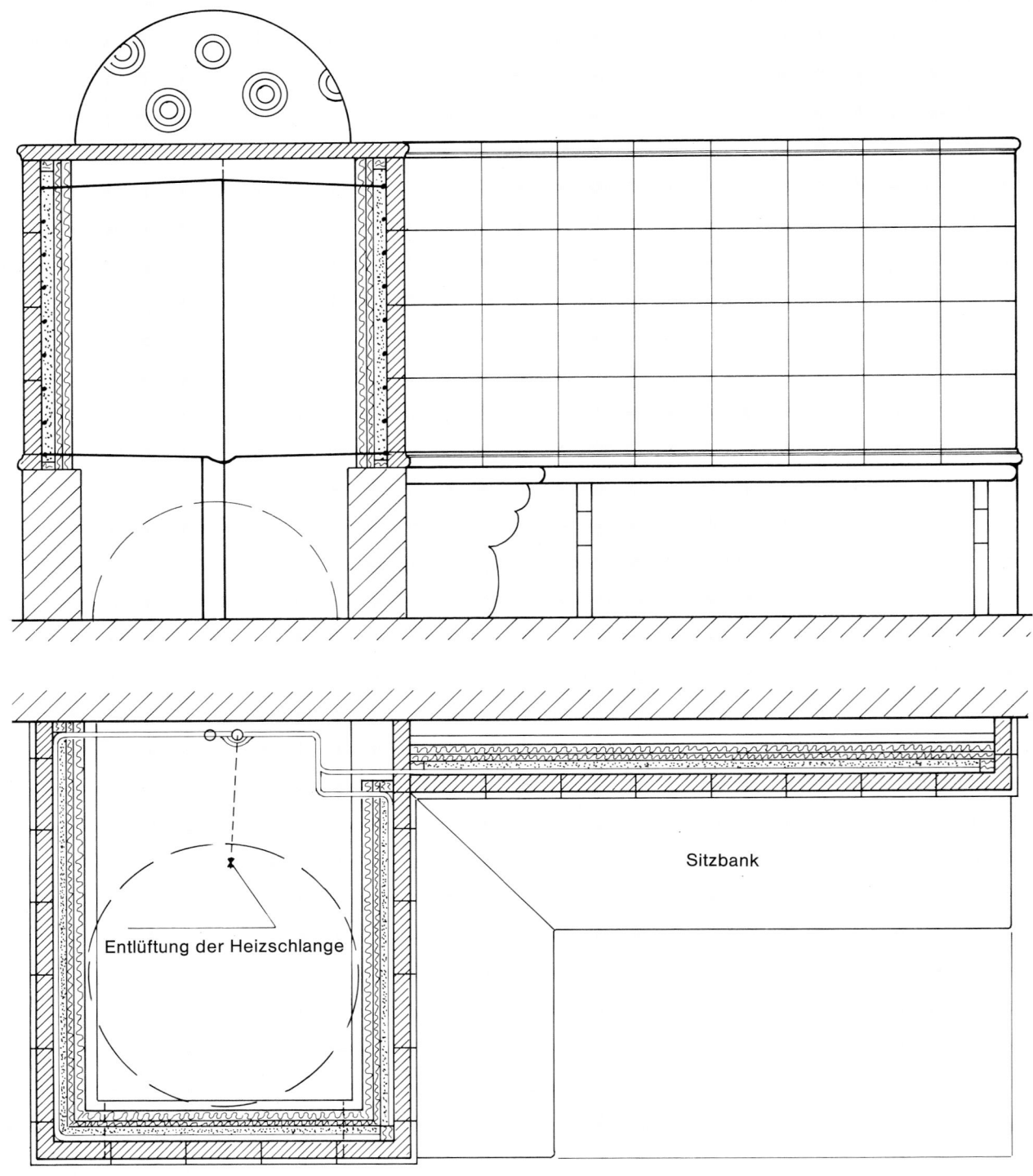

Kachelofen und Rückenlehne mit Warmwasser-Heizung

Entlüftung der Heizschlange

Sitzbank

Für solche Fälle kann zusätzlich ein Elektro-Heizkabel oder eine Elektro-Heizmatte (beide mit Tagstrom betrieben) oder eine Warmwasser-Heizschlange in den Kachelofen eingebaut werden. (Siehe Zeichnung Seite 164)

Das *Elektro-Heizkabel* wird zwischen die Rümpfe der Kacheln eingelegt und eignet sich besonders als Zusatz- oder Zweitheizung bei Kachelgrundöfen. So erhält man einen bivalenten Heizbetrieb, d. h. man heizt mit 2 verschiedenen Energiearten und ist von eventuellen Lieferengpässen unabhängig.

Kachelofen-Warmluftheizungen — mit maßgefertigten *Elektro-Heizmatten* ausgestattet — ermöglichen ebenfalls ein bivalentes Heizen; man kann aber auch durch Einbau einer *Warmwasser-Heizschlange* und Anschluß an die vorhandene WW-Heizung den gleichen Effekt erzielen.

Elektro-Heizmatte in Kachelofen-Warmluftheizung oder in Kachelverkleidung

Warmwasser-Heizschlange in Kachelofen-Warmluftheizung

Elektro-Heizkabel im Kachelgrundofen

166

Kachelöfen und ihr Anwendungsbereich
nach Ausführung, Wärmeleistung und Brennstoff (Energieart)

Kachelgrundöfen: freistehende, angebaute oder zwischen 2 oder 3 Räume durchgebaute Kachelöfen mit eingebauter Feuerung für feste Brennstoffe und gemauerten Heizgaszügen oder ähnliche Kachelöfen mit Speicherkern für Nachtstrom-Speicherheizung oder, bei reduzierter Wärmeleistung, mit Heizschlange zum Anschluß an Warmwasser-Zentralheizung.

Wärmeleistung
je m² Oberfläche ca. 700 Watt (= ca. 600 kcal/h), insgesamt bis ca. 10 m² Oberfläche = ca. 7000 Watt (6000 kcal/h); als Nachtstromspeicherheizung bis 20 kW.

Kachelofen-Warmluftheizungen: angebaute oder zwischen 2 und mehreren Räumen durchgebaute Kachelöfen mit einer „Heizkammer" und einem Heizeinsatz für feste Brennstoffe, Öl, Gas oder elektr. Strom (Nachtstrom), ggfs. mit Luftleitungen, mittels derer Räume im gleichen oder darüberliegendem Geschoß beheizt werden.

Wärmeleistung
der Heizeinsätze (einschl. Heizgaszügen) 7200-18 600 Watt (= ca. 6250-16 000 kcal/h) als Nachtstrom-Kleinblockspeicher (z. B. carlo inbloc) bis 24 kW.

Wärmeabgabe der Kachelfläche:
Über die angenehme direkte Wärmeabgabe durch die Kachelfläche sind von den beheizten Räumen unmittelbar heizbar:

bei Kachelgrundöfen (freistehend oder durchgebaut)	100%
bei Kachelofen-Warmluftheizungen, eingeschossige Bauweise	50-80%
bei Kachelofen-Warmluftheizungen, mehrgeschossige Bauweise	20-40%

Brennstoffe (Heizenergien): sind geeignet für:	Holz	Kohle Koks	Öl	Gas	Elektrizität Nacht-strom	Tag-strom	Warm-wasser
Dauerheizung	x	xx	xx	xx	xx	—	(x)
Übergangszeit-Heizung	xx	xx	x	x	(x)	xx	x
Zusatzheizung	xx	xx	x	x	—	xx	—
Notheizung (krisenfest)	xx	xx	—	—	—	—	—
Ist Schornstein erforderlich?	ja	ja	ja	ja	nein	nein	(x)
Brennstofflagerung nötig?	ja	ja	ja	nein	nein	nein	(x)
Netzanschluß erforderlich?	nein	nein	ja	nein	ja	ja	ja

xx = sehr gut   x = gut   (x) = nur bedingt   — = (nicht geeignet)

Übersichtstabelle: Siehe nächste Seite.

168

	Wärmeleistung in Watt / in kcal/h	2900 / 2500	5800 / 5000	8700 / 7500	10 150 / 8 750	11 600 / 10 000	13 100 / 11 250	14 500 / 12 500	17 400 / 15 000
Kachelgrundofen freistehend oder angebaut für 1 Raum	K + H	x	x						
	Öl	−	−						
	Gas	−	−						
	E^N	x	x						
	E^T	Z	Z						
	WW	red.	red.						
Kachelgrundofen durchgebaut für 2-3 Räume	K + H		x	x	−				
	Öl		−	−	−				
	Gas		−	−	−				
	E^N		x	x	x				
	E^T		Z	Z	Z				
	WW		red.	red.	red.				
Kachelofen-Warmluftheizung eingeschossig für 2-3 Räume	K + H		x	x	x	x	x		
	Öl		(x)	x	x	x	x		
	Gas		(x)	x	x	x	x		
	E^N		x	x	x	x	x		
	E^T		Z	Z	Z	Z	Z		
	WW		Z	Z	Z	Z	Z		
Kachelofen-Warmluftheizung mehrgeschossig für 4-8 Räume	K + H			x	x	x	x	x	x
	Öl			x	x	x	x	x	x
	Gas			x	x	x	x	x	x
	E^N			x	x	x	x	x	x
	E^T			Z	Z	Z	Z	Z	Z
	WW			Z	Z	Z	Z	Z	Z
Raumheizvermögen bei sehr günstiger Bauweise m³		60	120	180	220	250	280	310	375
bei normaler Bauweise m³		50	100	150	175	200	225	250	300
bei ungünstiger Bauweise m³		40	80	120	140	160	180	200	240

Die Richtwerte für Raumheizvermögen gelten für Räume mit 1 Außenwand und Fenstern durchschnittlicher Größe. Bei Räumen mit 2 Außenwänden ist das Raumheizvermögen um ca. 15-20% geringer. Als „normale Bauweise" gelten Außenwände aus mind. 24 cm dicken Hohlblocksteinen, außen verputzt. Fenster und Türen doppelt verglast, aber ohne besondere Dichtungen.

Zeichenerklärung:

E	= Elektrischer Strom	K	= Kohlefeuerung (mit Braunkohlenbriketts, bei KO-WL-Heizung auch mit Koks)	WL	= Warmluft bzw. Warmluftheizung
E^N	= Nachtstrom-Speicherheizung (mit Niedertarifstrom)	KO	= Kachelofen	WW	= Warmwasser bzw. Warmwasser-heizung oder Anschluß an WW-Heizung
E^T	= Tagstromheizung (Direktheizung)	Öl	= Ölfeuerung mit Ölheizeinsatz (f. Heizöl EL)	x	= gut geeignet
Gas	= Gasfeuerung mit Allgas-Heizeinsatz (f. Erd-, Flüssig- oder Stadtgas)	red.	= Wärmeleistung (bei gleicher Kachelfläche) nur 25%	(x)	= nur bedingt geeignet
H	= Holzfeuerung			Z	= Zusatzheizung

Liegen am Einbauort die Außentemperaturen im Winter häufig bei:	-20°C und darunter	-15-18°C	bei 10-12°C
und dauert die Heizperiode	über 7 Monate	6-7 Monate	unter 6 Monate
dann wählt man in aller Regel einen Kachelgrundofen in: **Bauart**	schwer	mittelschwer	leicht
Gewicht des Kachelgrundofens in kg/ je 1000 W	260	170	120
Anheizzeit	über 4 Stunden	2-4 Stunden	1 Stunde
Tägliche Bedienung für hochheizen	1x	1x	1x
Nachlegen	—	1x	mehrmals
Wärmespeicherfähigkeit	sehr gut	gut	gering
Speicherdauer[1]	bis 10 Stunden	bis 8 Stunden	bis 5 Stunden
Gleichmäßige Erwärmung des Raumes	12-24 Stunden	9-16 Stunden	6 und mehr[2] Stunden
Spezifische Nennheizleistung in W/m²	700	930	1160
(in kcal/m²h)	(600)	(800)	(1000)

[1] Speicherdauer = Zeit bis zum Unterschreiten einer mittleren Kachel-Oberflächentemperatur von 50°C

[2] Je nachdem, wie bald und wie oft nachgelegt wird.

(Erklärung dieser Tabelle siehe Seite 176)

Kachelöfen und ihre Wärmeübertragung

Ein kleiner Einblick in die Physik soll zum besseren Verständnis der folgenden Ausführungen beitragen:

Von *Wärmeleitung* spricht man, wenn sich die Wärme innerhalb eines Körpers von der wärmeren zur kälteren Seite fortpflanzt.

Konvektion nennt man die Wärmemitnahme durch Berührung eines strömenden Mediums (z. B. von Luft) mit einem festen Körper.

Als *Wärmestrahlung* bezeichnet man die Tatsache, daß jeder warme Körper nach allen Seiten Strahlen aussendet, die auf einen anderen (kühleren) festen Körper treffen und ihn erwärmen. Je größer die Temperaturdifferenz zwischen der wärmeabgebenden Fläche und deren Umgebung ist, desto größer ist der Anteil Strahlungswärme. *Die Luft wird dabei nicht erwärmt!*

Der *Kachelgrundofen* mit einer mittleren Oberflächentemperatur von ca. 90°C gibt seine Wärme fast ausschließlich durch Wärmestrahlung ab. Ist das ein Vorteil?

Bereits im Jahre 1930 begann Prof. Günter Fuchs mit raumklimatischen Untersuchungen an Strahlungsheizungen. So überraschend das Ergebnis auch war, so wichtig ist es noch heute: Das Strahlungsklima ist optimal, es sichert kühle, unbewegte, trockene und deshalb fast staubfreie Luft – und warme Wände. Genau diesem Strahlungsklima und der gleichmäßigen Temperatur der Kachelfläche verdankt man die unübertroffen gemütliche Wärme des Kachelofens.

Bei der *Kachelofen-Warmluftheizung* sind alle drei Arten der Wärmeübertragung beteiligt. Wärmeleitung findet zwischen dem glühenden Brennstoff und der mit Schamottesteinen ausgemauerten gußeisernen Wand des Heizeinsatzes für feste Brennstoffe statt.

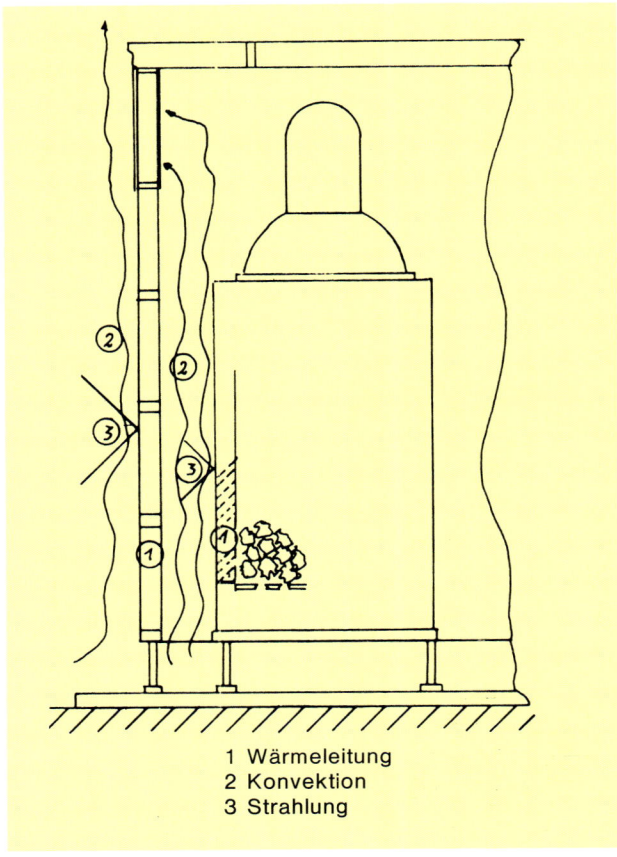

1 Wärmeleitung
2 Konvektion
3 Strahlung

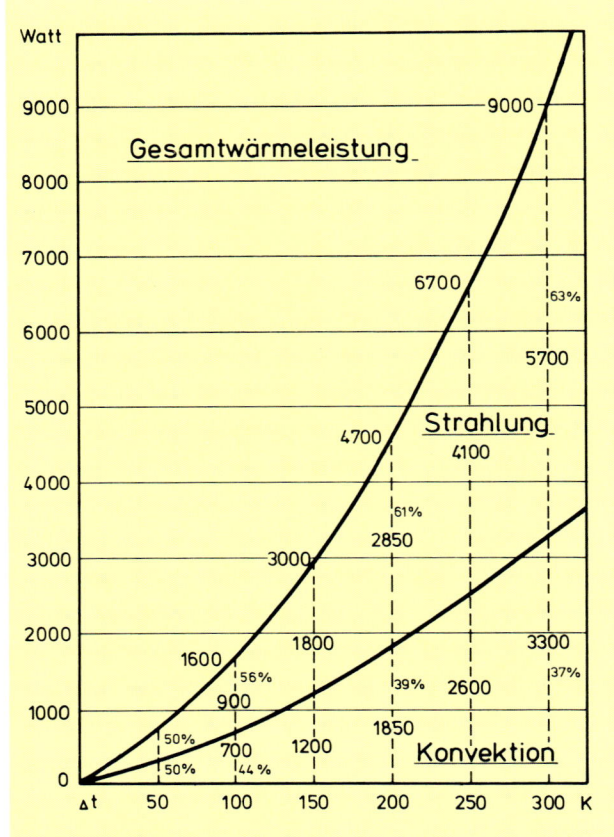

Diese Abbildung zeigt den Schnitt durch einen Teil der Heizkammer mit einem Heizeinsatz für feste Brennstoffe und die Kachelwand; ganz ähnlich ist der Wärmeübergang bei einem Heizeinsatz für Gas, Öl oder Strom.

Von der Oberfläche des Heizeinsatzes (ca. 250–300°C) wird etwa 60% der Wärme durch Strahlung auf die gegenüberstehende Kachelwand übertragen, die sich dadurch auf ca. 100°C erwärmt. Dank der geringen Wärmeleitfähigkeit von Ofenkacheln und Schamottesteinen erreicht die Kacheloberfläche einer Kachelofen-Warmluftheizung nur eine mittlere Temperatur von ca. 50°C, sodaß sich zur Raumtemperatur von 20°C eine Temperaturdifferenz von 30 K (Kelvin) ergibt. Der Anteil Strahlungswärme liegt bei 52%, der Anteil Konvektionswärme bei 48%.

Die Luft strömt durch die Heizkammer und nimmt Konvektionswärme vom Heizeinsatz und den Heizkammerwänden, bei Feuerung mit festen Brennstoffen oder Öl auch von der Oberfläche der nachgeschalteten Heizgaszüge mit. So wird ein großer Teil der vom Heizeinsatz abgestrahlten Wärme in der Heizkammer in Konvektionswärme umgewandelt, sodaß der Anteil Konvektionswärme ca. 63–80% der Wärmeabgabe der gesamten Kachelofen-Warmluftheizung erreicht – bei kleiner Kachelfläche mehr, bei großer Kachelfläche weniger.

In Zukunft werden unsere Häuser »besser« gebaut, um Energie zu sparen. Der Gesetzgeber verlangt nicht nur einen besseren Wärmeschutz der Außenwände und der Decken, sondern auch eine größere Dichtheit der Fenster und Türen, auch der Innen-

türen. Man kann erwarten, daß unsere Wohnhäuser von morgen etwas kleinere Fensterflächen haben und daß die Wände dieser Häuser wieder ein größeres Wärmespeichervermögen aufweisen, als die in den letzten 30 Jahren gebauten Häuser. Der früher gefürchtete Windanfall, die unerwünschte und unkontrollierbare Querlüftung werden keine Rolle mehr spielen, sodaß der Standort des Kachelofens an den Innenwänden – bedenkt man die Wirkung der Wärmestrahlen des Kachelofens – ein unschätzbarer Vorteil sein wird. Auch in all den Häusern, die im Laufe der nächsten Jahre modernisiert werden, wird die Verbesserung des Wärmeschutzes eine große Rolle spielen und dem Kachelofen als Zweitheizung ideale Voraussetzungen schaffen.

Begriffserklärungen

Heizgaszüge
bestehen aus Stahlblech oder keramischen Heizgasleitungen, die stehend oder liegend angeordnet sind; die Oberfläche der Heizgaszüge dient als Heizfläche und wird in m² angegeben. Außerdem sind sie Bestandteil der Feuerstätte.

Kachelofen-Mehrraumheizung
ist eine Kachelofen-Warmluftheizung, mit der ein oder mehrere Räume gleichzeitig oder wechselzeitig beheizt werden.

Heizkammern
sind Räume bei Warmluftheizungen, in denen der Heizeinsatz ggf. mit Heizgaszügen so aufgestellt ist, daß die Wärme an die vorbeiströmende Luft und an die Innenseiten der Heizkammer abgegeben werden kann. Die Heizkammer hat Öffnungen für Um- und Zuluft.

Umluft
ist die aus dem Raum abströmende Luft, die der Heizungsanlage wieder zugeführt wird.

Zuluft
ist die dem Raum zugeführte Luft.

Wärmeträger
ist das Medium, z. B. Luft, Wasser oder Dampf, das die Wärme zum zu beheizenden Raum transportiert.

Heizgase/Verbrennungsgase
sind die durch eine Feuerstätte strömenden Verbrennungsgase.

mittlere Temperatur
ist die aus mehreren Meßpunktergebnissen ermittelte Temperatur.

Frontplatte
ist mit Abstand von der Vorderplatte des Heizeinsatzes befestigt, und ermöglicht den dichten Abschluß an der Bedienungsseite. Auch die Vorderplatte des Heizeinsatzes kann als Frontplatte ausgeführt sein.

Leistungsregler
ist ein Regler, mit dem die Verbrennungsluftzufuhr und somit die Wärmeabgabe (Heizleistung) des Heizeinsatzes reguliert werden kann.

Dauerbrand
ist die Eigenschaft eines Heizeinsatzes, bei Dauerbrandleistung eine gewisse Mindestzeit nach DIN 18892 weiterzubrennen. Nach Ablauf dieser Zeit muß neu aufgegebener Brennstoff durch die vorhandene Grundglut wieder entzündet werden.

Zeitbrand
ist ein Verbrennungsvorgang, bei dem die gesamte Brennstofffüllung in kurzer Zeit abbrennt und der aufgegebene Brennstoff nach einer gewissen Zeit u. U. nicht mehr entzündet werden kann.

Sekundärluft-Einrichtung
ist eine Einrichtung, die das Nachverbrennen von flüchtigen Bestandteilen der Heizgase im Heizeinsatz ermöglicht.

bivalentes Heizen
gleichzeitiges oder unabhängiges Heizen 2 verschiedener Energiearten.

Kachelgrundöfen

Kachelgrundöfen – man nennt sie auch Vollbaukachelöfen – sind ortsfeste Kachelöfen für feste Brennstoffe mit relativ großem Wärmespeichervermögen und handwerklich gemauerter Feuerung. Sie geben ihre Wärme ausschließlich über die Kachelfläche ab.

Die bei der Verbrennung von festen Brennstoffen erzeugte Wärme wird über die Ausmauerung und die Feuerraumwände und später von den durch die Heiz-

gaszüge strömenden Heizgase direkt auf die Kachelwand übertragen.

Je dicker die Ausmauerung des Feuerraumes und der Heizgaszüge ist, umso schwerer wird der Kachelofen und umso größer sein Wärmespeichervermögen. Desto länger ist allerdings auch seine Anheizzeit. Ein Kachelgrundofen leichter Bauart wird dagegen eine kurze Anheizzeit, aber ein relativ geringes Wärmespeichervermögen haben. (Siehe Tabelle Seite 170)

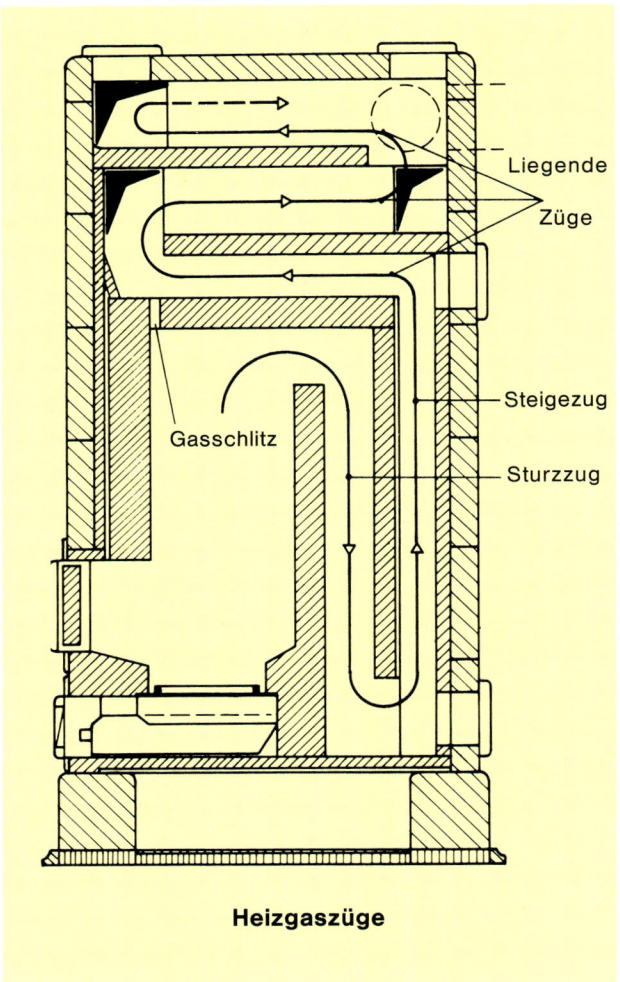

Heizgaszüge

Bei der Wahl der passenden Bauart eines Kachelgrundofens muß sowohl den klimatischen Verhältnissen, als auch der Art der Bedienung und der gewünschten Benutzungsweise Rechnung getragen werden.

Feste Brennstoffe

Nach dem Immissionsschutzgesetz dürfen auch in Kachelgrundöfen nur raucharme Brennstoffe verbrannt werden. In der DIN 18890, Blatt 10 »Dauerbrandöfen für feste Brennstoffe – raucharme Verbrennung« sind in Abschnitt 2.2 unter anderem folgende raucharme Brennstoffe genannt: Steinkohlen, Braunkohle- und Torfbriketts, Steinkohlenkoks, trockenes Holz sowie nicht pechgebundene Steinkohlenbriketts.

Ausführungen nach Art des Brennstoffes

Für diese verschiedenen festen Brennstoffe gibt es auch verschiedene Ausführungen von Kachelgrundöfen:

Ein Kachelgrundofen für *Kohlefeuerung* (auch Brikettfeuerung) ist mit 2-teiligem Feuergeschränk und mit einem Tafelrost ausgestattet.

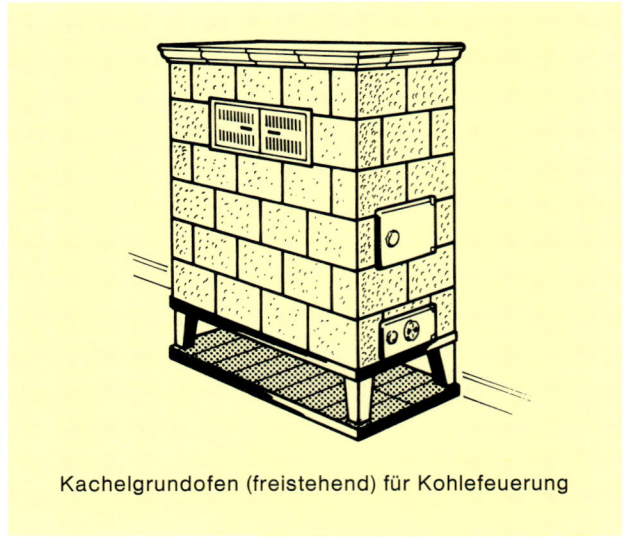

Kachelgrundofen (freistehend) für Kohlefeuerung

Für *Koksfeuerung* wird der Kachelgrundofen mit einem Füllschacht, einem 3-teiligen Feuergeschränk und einem Schüttelrost ausgestattet und kann wie ein Koksdauerbrandofen betrieben werden.

176

Der Kachelgrundofen für *Holzfeuerung* arbeitet in einer Abbrand- und in einer Heizphase. Die keramische Masse dieses Ofens nimmt die, bei der Verbrennung des Holzes sich rasch entwickelnde, große Wärmemenge auf und gibt sie nach der beendeten Verbrennung über lange Zeit hinweg an den Raum ab. Während der Heizphase wird die Luftzufuhr durch dichtes Schließen der Heiztür unterbunden.

Für eine solche Holzfeuerung werden Kachelgrundöfen entweder mit einem 2-teiligen Feuergeschränk oder nur mit einer Heiztür ausgestattet; in diesem Falle verzichtet man auf den Einbau eines Tafelrostes und Aschekastens.

Der *Reiswellenkachelofen* entspricht in der Betriebsweise dem Kachelgrundofen für Holzfeuerung. Sein Feuerraum ist jedoch für die Feuerung mit Reisigwellen (Bündeln, evtl. auch aus Rebenholz) und groben Holzscheiten entsprechend groß und lang (tief) gehalten. Er wird durch ein Gewölbe oder Formstein-Mauerwerk aus feuerfesten Steinen gebildet.

Der Feuerraumboden ohne Rost kann auch als Backfläche benutzt werden. Während der Heiz- und Backphase verhindert ein Rahmenschieber – in geschlossenem Zustand – im Verbindungsstück zum Schornstein das Nachströmen von Luft. Sehr beliebt ist eine Wärmeröhre, die man, dem Verwendungszweck entsprechend, in verschiedener Form in den Kachelgrundofen einbauen kann.

Heizfläche

Zur Heizfläche wird die gesamte Oberfläche des Kachelgrundofens gerechnet; der Boden des Kachelofens gilt nur dann als Heizfläche, wenn der Kachelgrundofen auf Füßen oder Sockelkästen steht.

Der nach DIN 4701 errechnete Wärmebedarf des Raumes muß allein durch die Wärmeabgabe über die Kachelfläche gedeckt werden.

Bei der heutigen energiesparenden Bauweise der Häuser (dichtere Fenster, Voll-

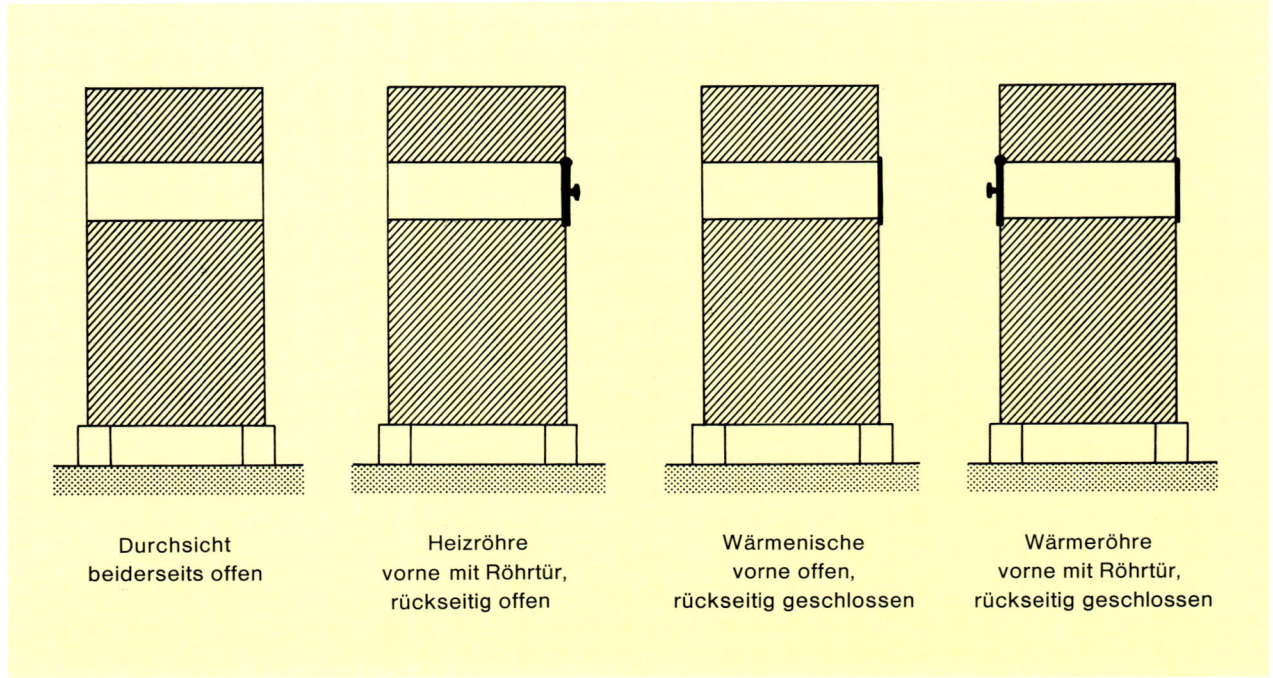

| Durchsicht beiderseits offen | Heizröhre vorne mit Röhrtür, rückseitig offen | Wärmenische vorne offen, rückseitig geschlossen | Wärmeröhre vorne mit Röhrtür, rückseitig geschlossen |

190

143

144

145

146

194

151

152

198

161

162

163 164

165 166

200

168

169

170

171

172

173

180

181

208

184

194

195

196

197

214

218

214

215

216

220

217

218

220

221

222

223

224

Kaminöfen

Hier zeigen wir, daß Energiesparen auch schöne Seiten hat: Kaminöfen.
Denn sie sehen schön aus und heizen schön ein. Und sind auch noch ganz schön praktisch, weil man sie ohne große Schwierigkeiten aufstellen kann. Auch nachträglich. Alle Kaminöfen, die wir hier vorstellen, heizen spielend die gute Stube, manche sogar ein ganzes Haus. Und in der Übergangszeit oder an kühlen Sommerabenden heizen sie vor allem wesentlich preiswerter, als wenn man die Zentralheizung in Betrieb nimmt.

Das hätte sich der alte Benjamin Franklin wohl kaum träumen lassen: Rückt doch nach über 200 Jahren eine seiner vielen Erfindungen mit einem Mal in den Mittelpunkt des Interesses, und zwar ausgerechnet ein alter Ofen als *heiztechnische Novität*. Denn 1744 hatte der zunächst berühmte Physiker und später noch berühmtere amerikanische Staatsmann sich der Klapptüren seines Stubenofens angenommen. Um dann seine Zeitgenossen mit einem *Franklin-Ofen* zu überraschen, der mit einem Viertel der Brennstoffmenge die gute Stube doppelt so warm macht. Was 200 Jahre lang als vielleicht ganz nützlich, aber nicht gerade weltbewegend vor sich hinschlummerte, in holzreichen Gegenden wie Kanada und Skandinavien auch ganz selbstverständlich zum Alltag gehörte, ist mit einem Mal

Der Zeitlose: Stahlblech-Fertigkamin „Nordic" von Lünstroth. Auf Wunsch auch mit zusätzlichem Wärmefach. Hier mit Standwinkel, wahlweise mit Wandaufhängung oder Vierbein-Stütze.

ganz groß da. Denn Franklins Erfindung
ist aktueller denn je – aus weniger Brennstoff mehr Wärme zu gewinnen. Das Prin-
zip ist im Grunde ganz einfach und läßt
sich am besten mit einem offenen Kamin
vergleichen.

Denn der bisherige Liebling der Häuser-
bauer ist zwar wunderschön anzusehen,
und knisterndes, offenes Feuer kann wohl
auch ganz gut die Stimmung anheizen.
Weniger aber die Wohnräume. Im Gegenteil: Man hat festgestellt, daß durch den

Kaminofen „Ranger" von Selkirk.

offenen Kamin in der Regel und erst recht
bei falscher Konstruktion mehr Wärme
verloren geht als gewonnen wird. Das
sieht ganz anders aus, wenn man den
offenen Kamin zu einem geschlossenen
macht. Die *Falschluft,* die verlorene Warmluft also, kann auf ein Neuntel reduziert
werden. Anders ausgedrückt: Die weitaus
meiste Warmluft bleibt im Raum und wird
in einem regelrechten Warmluftkreislauf
immer wieder aufgewärmt.

Dieses Foto zeigt, daß der Franklin-Kaminofen auch geschlossen ausgesprochen hübsch ist.

Der Klassiker: Franklin Kamin aus Gußeisen von Bellfires, vor über 200 Jahren „erfunden" und wieder aktuell.

Nochmals Franklin: Denn dessen Ofen-Erfindung wird heute mehrfach kopiert. Aus Kanada kommt dieses Modell von Selkirk, eine Stahlkonstruktion mit schmucken Türen aus Aluminiumguß.

227

Löwen-Maul: Denn „Löwe" heißt dieser Svendborg-Holzofen, in dessen Riesenmaul selbst die größten Holzscheite passen.

Aus Stahl und Glas: Der Rösler-Kamin „Dortmund" sieht aus wie ein dreiseitig offener Kamin. Weil die Seitenwände aus Spezialglas sind. Das Gehäuse besteht aus doppelwandigem Stahlblech mit Isolierung.

Wir haben ausschließlich freistehende Kaminöfen vorgestellt.
Sie haben gegenüber den eingebauten einen großen Vorteil: Sie werden fix und fertig angeliefert, können, so wie früher der *normale* Zimmerofen ganz einfach an den Schornstein angeschlossen werden. Deshalb eignen gerade sie sich für Leute, die in ihrem Haus oder in ihrer Wohnung keine großen Umbauten vornehmen wollen. Nun, ein paar Voraussetzungen gibt es natürlich doch. Und in unserer Zentralheizungszeit, dem Feuermachen entwöhnt, empfiehlt sich dringend das Gespräch mit dem zuständigen Bezirksschornsteinfeger. Denn der sagt ganz genau, wie der Untergrund, der Hintergrund und die Nachbarschaft des Kaminofens am besten vor der Ofenhitze zu schützen ist. Und er weiß auch am besten, ob der richtige Schornstein zur Verfügung steht. Oder ob ein neuer aufgebaut werden muß. Was übrigens heute, auch bei Altbauten, kein großes Problem mehr ist. Denn mittlerweile wurden auch in Deutschland Fertigschornsteine aus Edelstahl (zum Beispiel der SM-Schornstein von Selkirk) zugelassen, die man ohne großen baulichen Aufwand nachträglich ein- oder anbauen kann.

Mit Figuren-Knie: Das wendbare Schmuck-Knie ist der Gag des Svendborg-Ofens „Scandia 6204 BR", der auch in anderen Farben erhältlich ist.

„Pyramid" heißt dieser repräsentative Kaminofen von Selkirk, der sich vor allem für große Räume eignet. Und damit diese Räume auch schön warm werden, heizt er zusätzlich durch Lufterwärmung und Warmluftzirkulation. Es gibt ihn auch in Schwarz.

Zum Schluß noch ein paar Tips für die Kaminofen-Wahl, verdeutlicht an unserem letzten Beispiel, dem *Ranger:*

Ein Ofen, der nicht nur schön aussieht, sondern auch schön heizt, der braucht: Warmluftkanäle für eine wirkungsvolle Warmluftzirkulation, vorgewärmte Verbrennungsluft zur besseren Brennstoffausnutzung, Luftregulierknöpfe zur Regelung der gewünschten Leistung, feuerfeste Ummauerung an möglichst fünf(!) Seiten des Feuerraums zur effektiveren Verbrennung und Wärmeabstrahlung. Und wenn er dann noch einen besonders großen Feuerraum und eine große Koch- oder Warmhaltefläche hat, dann ist das auch noch schön praktisch.

Schlichter Schwede: Dieser schmucke Stahlblechofen ist nur ein Beispiel aus dem großen Handøl-Programm.

Ein echter Norweger: Das ist der Holzofen „Stavanger" von Jøtul. Mit einer Heizleistung von über 12 kW/h reicht der liebenswerte Gußofen auch für größere Räume. Die Außenseiten sind mit traditionellen skandinavischen Motiven versehen.

Heizkessel-Helfer: Ganz neu ist der Heizkamin „Lünstrotherm Okta" von Lünstroth, der zusätzlich mit einer Warmwasserspirale geliefert werden kann.

Der Gemütliche: „Quadrat" aus Dänemark, Stahlgehäuse mit dekorativen Kacheln.

Nordisch sachlich: „Scandia" von Lünstroth läßt sich wie alle Stahlblech-Fertigkamine ganz einfach wie ein Zimmerofen anschließen. Feuerbeton-Auskleidung, mit Grilleinschub in verschiedenen Höhen. „Scandia" gibt es auch ohne Aufsatz.

Rot, grün oder blau emailliert oder in schwarzem Guß ist der Svendborg-Holzofen „Scandia 6302 A" zu haben. Das gute Stück hat eine eingeschliffene Tür, ein Schraubventil für die Luftzufuhr und den „Heiligen Hubertus" auf der Seite.

Bildnachweis zum Teil „Offene Kamine"

Georg Alexander
7170 Schwäbisch Hall
Entwurf
Dipl.-Ing. Walter Schuch
Freier Architekt BDA
7170 Schwäbisch Hall   Bild 45

Günther Anselment
7580 Bühl   Bild 40, 58, 59, 69, 70, 74

Art et Cheminée   Bild 1, 2, 5, 7, 8, 10,
F-92120 Montrouge   14, 16, 24, 27, 28, 31,
durch HAGOS eG   36, 38, 46, 52, 53, 71,
7000 Stuttgart 80   78, 79, 80

Bellfires GmbH
4030 Ratingen   Bild 35

Bauentwurf — Innenausbau
Walter H. Brandner
4030 Ratingen   Bild 89

Otto Burkhard
7290 Freudenstadt   Bild 63, 67

DON-BAR/DSK GmbH
4052 Korschenbroich 3   Bild 51

Karl Joas
7920 Heidenheim   Bild 37

KABE-Werk
Betonfertigteile GmbH
6052 Mühlheim   Bild 72

Kleining KG
4432 Gronau   Bild 88

Rudolf Kriz
8044 Unterschleißheim   Bild 57

Walter Kyre
7110 Öhringen   Bild 82, 83, 85

Lünstroth Offene Kamine
8404 Versmold   Bild 17, 48

Friedrich Müller
Inh. H. Lehmann
7000 Stuttgart 1   Bild 54, 64

Olsberg-Feuer   Bild 6, 18, 19, 20, 29,
5787 Olsberg 2   30, 32

Openfire
Rösler-Kamine GmbH
6072 Dreieich   Bild 4, 9, 49, 86

Franz Roth
8000 München 22   Bild 56

Schiedel KG
8000 München 50   Bild 47

Franz Seewald
A-6840 Götzis   Bild 68

Rudolf Sommerhuber oHG   Bild 12, 55, 60, 61, 62, 76,
A-4400 Steyr   77, 84

Karl Spengler
7900 Ulm   Bild 50 A

Kaminbau Stegemann   Bild 3, 11, 13, 15, 21, 22,
4405 Nottuln   23, 25, 26, 33, 34, 39,
     41, 42, 43, 44, 87 A

Alfred Weber
7292 Baiersbronn   Bild 73, 81

Karl Zeitzmann
3100 Celle   Bild 65, 66

Hinweise zu den Stilkaminen

Bild 22, 34 und 42
im Stile Louis XV. (18. Jh.)

Bild 33 und 44
im Stile Renaissance (14. bis Anf. 16. Jh.)

Bild 40 und 41
im Stile Barock (17. Jh.)

Bild 53
im Stile Louis XVI. (Ende 18. Jh.)

Bildnachweis zum Teil „Kachelöfen"

Die Abbildungen aller in diesem Buch enthaltenen Kachelöfen stammen von der Informationsstelle Kachelofen, Industriestraße 62, 7000 Stuttgart 80 (Vaihingen).

Auf schriftliche Anfrage erteilt die Informationsstelle detaillierte Auskünfte.

Das Bild Nr. 108 wurde uns freundlicherweise von der Firma Zeyko-Anbauküchen, 7262 Althengstett, zur Verfügung gestellt.

Einige Abbildungen stammen aus dem Buch »Der Kachelofen«, das in der Akademischen Druck- und Verlagsanstalt, Auersperggasse 12, A-8010 Graz (Austria), erscheint. Wir danken Herausgeber und Verlag für die Überlassung. Im einzelnen handelt es sich um Abbildungen der Seiten 102/113/130/132/ 134/138/140/142/144/150.

Inhalt